W0368647

Schwäbische Spätzlesküche

Mit 58 neuen und alten, zum Teil uralten Rezepten.
Ein Kochbuch für jeden, der die schwäbische Küche liebt, im besonderen unsere Spätzle.
Viel Spaß beim Spätzlesschaben wünscht Ihnen Ihr

Siegfried Ruoß

Die Deutsche Nationalbibliothek verzeichnet die Publikation in der Deutschen Nationalbibliografie; detaillierte bibliografische Daten sind im Internet über http://dnb.ddb.de abrufbar.

Idee und Text: Siegfried Ruoß
Illustrationen: Renate Gries-Fahrbach

Umschlaggestaltung: DOPPELPUNKT Auch & Grätzbach GbR, Stuttgart
unter Verwendung einer Illustration von Renate Gries-Fahrbach

30. Auflage 2013
Lizenzausgabe für den Konrad Theiss Verlag GmbH, Stuttgart
Copyright © 2001 by Ruoß Verlag, Ulm
Gesamtherstellung: CPI – Ebner & Spiegel, Ulm
ISBN: 978-3-8062-1603-5

Vorwort

Meine Freunde und Bekannten waren über die Idee ein Kochbuch über Spätzle zu schreiben nicht zu begeistern. Die einhellige Meinung, jeder Schwabe wüßte über seine Nationalspeise bestens Bescheid, veranlaßte mich nur eine kleine Erstlingsauflage in Auftrag zu geben.
Zur allgemeinen Überraschung und natürlich zu meiner großen Freude waren wir nach zwei Monaten ausverkauft und die nächste Auflage lief in höherer Stückzahl vom Band. So nahm das Schicksal seinen Lauf und ohne es zu merken, näherten wir uns unaufhaltsam der Bestseller-marke von hunderttausend Exemplaren. Natürlich blieb das nicht unbemerkt und neue Ratschläge und Rezepte flatterten uns ins Haus.
Zur 20. Auflage haben wir die "Schwäbische Spätzlesküche" nun gründlich renoviert und auf den neuesten Stand gebracht. Über ein Dutzend neuer Rezepte, auch aus dem nahen Ausland, sowie ein neues Kapitel über den Dinkel, dem ursprünglichen Spätzlesmehl, ergänzt die bisherige Ausgabe.
Zum Schluß möchte ich mich bei all jenen ganz herzlich bedanken, die es uns ermöglicht haben, die "Schwäbische Spätzlesküche" in seiner jetzigen Ausführung auf den Weg zu bringen.

Ulm 1994

Der Schwabe und seine Spätzle

Ein Schwabe ist, wer Schwäbisch spricht (schwätzt) und dem seine Lieblingsspeise Spätzle sind. Denn das eine ohne den anderen ist einfach unvorstellbar. Sogar die „Reingeschmeckten" schätzen nach einer gewissen Anlaufzeit unsere Leibspeise. Schon Goethe war von unser Küche und unseren Spätzle und Knöpfle angetan.

Ein Leben ohne seine Spätzle ist für einen echten Schwaben schlicht gesagt unvorstellbar. Lieber verzichtet er ganz auf Kartoffeln, mit denen ihn sowieso noch nie ein besonders herzliches Verhältnis verband.

Was wäre allerdings der Sonntagsbraten ohne Kartoffelsalat, undenkbar, denn zu einem schwäbischen Sonntagsbraten gehören Spätzle mit viel Soß und eben der beliebte Kartoffelsalat. Besonders fein, wenn er noch mit frischen Gurken oder Endivien vermischt wird.

Darum eine Empfehlung an alle, die sich im schwäbischen Sprachraum niederlassen wollen.

Beschäftigen Sie sich gründlich mit der Spätzlesmaterie und im Handumdrehen werden Sie die Schwabenherzen erobert haben.
Mein Rat ist nicht unbegründet, denn einer norddeutschen Werbeagentur ist es doch kürzlich gelungen, statt Spätzle-Spaghetti - in ihrer großräumigen Anzeige abzubilden. Wer natürlich so ins Fettnäpfchen tritt, braucht sich nicht wundern, wenn hier die Nordlichter nicht mit offenen Armen empfangen werden.
Übrigens, noch ein kleiner Tip bezüglich der Aussprache von Spätzle.
Die Endsilbe „e" wird mehr wie ein durch die Nase gesprochenes „a" ausgesprochen, vergleichbar mit dem französischen Wort „fin".
Zu den Spätzle kann man so ziemlich alles essen, außer Fisch.
Am beliebtesten sind dazu:
Linsen und Sauerkraut, dann Kesselfleisch, Rostbraten, eingemachtes Kalbfleisch, sämtliche Wildgerichte, saure Nieren und Leber und sämtliche Arten von Braten.

Spätzle schärre

Spätzle schabe, Spätzle schärre –
d'Baure möget's ond ao d'Herre.
Eier, Wasser, Salz ond Mehl
machet d'Spätzle guet und geel;
gröstet ond ao en dr Brüeh,
liebe Leut, so mag ma's hie'!
Spätzle schabe, Spätzle schärre
(keine graoße, wüeste Flärre!)
mueß ma könne bei de Schwobe;
dazue hent mir gschickte Dobe.
Wenn a Mädle des net ka',
krie'gt so ao kein reachte Ma'.
Spätzle schärre, Spätzle schabe,
dozue ghöret bsondre Gabe.
Dicke, dünne, grobe, feine,
lange, kurze, graoße, kleine
mueß ma richtig schabe könne.
Bloß so ka' ma d'Mannsleut gwenne!
Spätzle schärre, Spätzle schabe –
o, wie ka' ma' sich dra labe!
Wie die rutschet über d'Zong!
Wie die schmecket alt ond jong!
Ond dr Ma' sait: „O, lie'bs Schätzle,
i mag Di ond Deine Spätzle!"

Karl Hölzer

Altes und Neues über Spätzle

Daß die Schwaben gerne Suppen essen, dürfte eine alte Weisheit sein.
Die Krönung aller Suppen ist für sie der Gaisburger Marsch, bestehend aus Spätzle, Kartoffelschnitz, Kraftbrühe und Rindfleischwürfeln. Eine genaue Beschreibung folgt im Rezeptteil.
Der Name dieses berühmten Eintopfes stammt aus Gaisburg, ein Stadtteil von Stuttgart.
Der Name selbst entstand schon vor dem Ersten Weltkrieg. Als die Soldaten aus der Stuttgarter Bergkaserne, bevorzugt die Küche der Bäckerschmiede, so hieß die Wirtschaft, in Gaisburg besuchten, deren Spezialität der sogenannte Eintopf war. Bevor sie nun zum Essen ausrückten, formierten sie sich zum Gaisburger Marsch. Und so erhielt das Gericht, das früher Kartoffelschnitz und Spatzen genannt wurde, seinen heutigen Namen.
Leider wird heute mit unserem so heißgeliebten Gaisburger Marsch viel Unsinn getrieben.
Auf Schwäbisch gesagt: „Schendluader drieba".
Da kann man doch lesen, beim Gaisburger Marsch könne man anstatt Spätzle auch Nudeln nehmen, oder es handle sich um einen Kartoffeleintopf.

Also ich für meinen Teil melde hiermit schärfsten Protest an. Denn wer dies behauptet, muß sich gefallen lassen, daß er von der schwäbischen Küche nicht viel Ahnung hat. Mit Nudeln ist es ein Nudeleintopf und in einem Kartoffeleintopf sind keine Spätzle. Leider schleichen sich in der neuen Kochliteratur immer wieder solche Ausrutscher ein. So kann man z. B. lesen, bei der Spätzleszubereitung wird in Schwaben „gespätzelt" und dann gibt es da Spätzlein oder Spätzchen.

Die Spätzle waren lange Zeit auch unter dem Spitznamen "Bettelleits Nudla" bekannt. Es ist noch gar nicht so lange her, daß in Stuttgart Regierungsessen ohne Spätzle stattfanden. Aber mit dem Selbstvertrauen der Schwaben haben die Spätzle auch hier für die richtige Rangordnung gesorgt. In gut geführten schwäbischen Gasthäusern sind hausgemachte Spätzle heute fast nicht mehr wegzudenken.

Eine Zeitlang sah es ja so aus, daß die Fabrikspätzle, die man bequem wie Nudeln abkochen kann, den Spätzle alter Hausmannsart den Todesstoß versetzen würden. Aber hier hatten die Wirte die Rechnung ohne die Gäste gemacht.

Die "Faulen-Weiberspätzle", wie sie boshaft genannt wurden, verschwanden so schnell wieder von den Speisekarten wie sie in Mode gekommen waren. Denn die Spätzle, die aus einem weicheren Teig als Nudeln hergestellt werden, eignen sich mit ihrer rauhen Oberfläche besser für die mit viel Soße aufgetischten schwäbischen Gerichte.
Daß die Spätzle die Urform aller Teigwaren sind, ist Ihnen doch sicher auch bekannt! So behauptete es auf jeden Fall der Top-Designer Otl Aicher in einem Fernsehinterview im Gespräch über unsere Lieblingsspeise. Nun wissen wir es also: die Spaghetti, Makkaroni, bei uns spöttisch auch als "Tunnelspatzen" bekannt, Tortellini, Spirelli, Canneloni etc. sind Enkel und Urenkel unserer Spätzle.

Knöpfle

Knöpfle und Spätzle sind quasi Blutsverwandte, denn der Teig ist bei beiden derselbe. Bei der Knöpflesfertigung sollte der Teig allerdings etwas flüssiger gehalten werden, damit er leichter durch das Knöpflessieb, auch Spatzenmodel genannt, zu drücken ist. Die beiden unterscheiden sich lediglich im Aussehen. Die Spätzle haben eine runde, längliche, die Knöpfle eine kurze erbsengroße Form.
Ursprünglich wurden die Spätzle auch Spatzen genannt. Das kommt daher, weil die Spatzen und die Knöpfle früher mit der Hand, später mit dem Löffel geformt und und ins Wasser gelegt wurden. Erst viel später kam das Spätzlesbrett und das Knöpflessieb in Gebrauch. Die meisten Knöpfle werden im Süden, also im Allgäu verkonsumiert, wobei die Spätzle mehr im Norden zu Hause sind.
Allerdings läßt sich das heute nicht mehr so genau feststellen. Seit es bei uns in jedem ordentlichen Haushaltsgeschäft den Knöpfleshobel gibt, dürften sich die Spätzle und Knöpfle bald die Waage halten.

Das "Knöpfle" stammt sicher aus der Familie der Knödel, im Althochdeutschen als "chnodo" oder "knoto" bekannt. Im Mittelhochdeutschen wandelte es sich dann in "knoto", was auf den Knoten hinweißt. Das Urwort ist vermutlich lateinischen Ursprungs: "nodus", der Knoten und "nodulus", das Knötchen.
In der Mundart wurde es dann jahrhundertelang geknetet, bis sich schließlich das "Knötlein" in das Knöpfle verwandelte.

Knöpfle haben in vielen Gemeinden solch ein Aufsehen erregt, daß sie sogar urkundlich festgehalten wurden.

Die Heidenheimer

nennt man Knöpfles-Wäscher.
Eine Frau, die ihrem Angetrauten seine Lieblingsspeise auch an seinen Arbeitsplatz bringen wollte, stolperte und die wohlgeratenen Knöpfle kugelten zusammen mit den Pferdeäpfeln (Roßbolla) im Straßenstaub umher.
Doch die Frau sammelte die Knöpfle kurz entschlossen auf und wusch sie in der nahegelegenen Brenz. Doch ihr Pech war, daß sie von einem Auswärtigen beobachtet wurde und seither ist der Spitzname für die Heidenheimer "Knöpfles-Wäscher."

Die Wurmlinger (bei Rottenburg)
nennt man "Milchknöpfle", weil sie die Knöpfle gern mit heißer Milch essen.

Die Bärenthaler (Krs. Tuttlingen)
haben den Spitznamen "Knöpflesschinder" erworben weil sie ihren Knöpfle beim Anbraten zu wenig Fett beigeben, also "schinden".

Die Bergheimer (Dillingen)
nennt man "Knöpfle".
Als einer Bäuerin einmal die Knöpfle mißraten (vergrota) waren, fielen ein paar auf den Boden. Sie rollten den Berg hinab, schlugen bei der Donaumühle das Tor ein und dem Müllersknecht ein Bein ab.

Ich bin sicher mit solchen Anekdoten ließen sich noch einige Seiten füllen, doch die Märchenstunde ist zu Ende.
Es beginnt wieder der Ernst des Lebens.

Ulm, die Stadt der Spatzen und Spätzle

So wie die Augsburger als die Suppenschwaben, sind die Ulmer als die Spätzlesschwaben bekannt. Ihren Spitznamen „Ulmer Spatzen" haben sie sich allerdings auf eine weniger rühmliche Art erworben. So wird behauptet, daß die Ulmer im Mittelalter den Spatzen das Leben recht schwer machten. Den endgültigen Durchbruch zu ihrem Spottnamen schafften die Ulmer aber erst viel später. Ein netter Vers tut davon kund.

Zu Ulm einst vor dem Tor,
stand rat- und hilflos man davor.
Die Balken, die man quer geladen,
so niemals in die Stadt geraten.
Da stellt bei einem Spatz man fest,
der oben baut an seinem Nest,
daß dieses kluge Vögelein
den Halm zieht längs ins Nest hinein.
So macht der Spatz den Leuten vor,
wie man die Balken kriegt durchs Tor.
Seitdem werden im ganzen Land,
die Ulmer „Spatzen" nur genannt.

So ist es in Ulm für einen Fremden schwer, die Spatzen und Spätzle auseinander zu halten. Warum, das werde ich Ihnen an einigen Beispielen zeigen.
Wenn in Ulm zum „Spätzlesball" geladen wird, so ist das nicht etwa ein Kochwettbewerb für Spätzle, sondern es handelt sich hier um eine Einladung zum Kinderfasching.
Der Spatzenball folgt dann 3 Tage später, da schnäbeln dann die Spatzen mit ihren Spätzle um die Wette. „Spätzle" wird im Schwabenland auch gern als Kosewort gebraucht.
Sie merken, es wird langsam schwierig, aber es kommt noch besser.
Wenn Sie nun auf einer Ulmer Speisekarte lesen: „Ulmer Spatzen", so erschrecken Sie bitte nicht, es ist nicht etwa das, was Sie nun denken, nein, es sind ganz einfach „Ulmer Spätzle", mit Speck, Zwiebeln und Petersilie zubereitet.
Beim Studieren der Ulmer Tagespresse kann es passieren, daß Ihnen folgende Überschrift ins Auge springt:
„Ulmer Spatzen suchen neue Spätzlein zum Mitzwitschern"
Hierbei handelt es sich dann um den Ulmer Spatzenchor.

Sie sehen, für einen Ortsunkundigen ein schwieriges Unterfangen, sich hier zurechtzufinden.
Aber kehren wir zu den Spätzle zurück.
Auch da gibt es in Ulm Bemerkenswertes zu berichten.
Zum Beispiel fand der bekannte Ulmer Theologe und spätere Konzertmeister am Ulmer Münster, Dr. Georg Hertz, heraus, woher sich das Wort „Spätzle" ableitet.
Ich zitiere wörtlich aus seinem Buch „So reich ist die Welt" - mit dem Untertitel „Leben eines Schwaben."
Es ist spezzato, pezzo heißt italienisch Stück, spezzare in Stücke schneiden; spezzato ist ein Gestückeltes, Geschnitzeltes, Geschnetzeltes (wie man in der Schweiz und auch teilweise bei uns sagt).

Wer die Spätzlesfabrikation kennt, weiß, daß dies stimmt. Das Küchenlatein der Mönche, die ein spezzato aus Teig machten, wurde von den Schwaben irrtümlich oder witzig mit Spätzle verdolmetscht.

Aber seien Sie bitte nicht traurig, daß unsere Spätzle aus Italien kommen sollen. Wenn es Sie tröstet, den Italienern brachte auch erst Marco Polo das Nudelmachen bei, das er zuvor in Asien gelernt hatte.

Ein anderer Ulmer erfand übrigens die vor dem Kriege bekannte Ulmer Spätzlesmaschine Herma.

Oberlehrer Helmut Schell aus Ulm-Grimmelfingen, hat sich um die Spätzle besonders verdient gemacht. Er vertonte ein Spätzlesgedicht des bekannten schwäbischen Dichters Hans-Eugen Schramm, zu einem reizenden Spätzleslied. Sie sehen daraus, was für ein inniges Verhältnis die Ulmer zu der schwäbischen Lieblingsspeise pflegen. Nicht umsonst wird Ulm die heimliche Hauptstadt der Spätzle genannt.

tenblüthe darein gethan, in Fleischbrühe eingelegt und gesotten. Wenn sie angerichtet, so kann man auf dem Ranft der Schüssel geriebenen Parmesankäse herumstreuen.

Gute Wasserspåzlen.

Es wird Mehl nach Belieben genommen, mit guter Milch ein paar Eyer und einem Löffel voll sauren Rohn angemacht, wie ein dünner Spåzlenstaig, in siedend Wasser gelegt, wobey das Salz nicht zu vergessen; alsdann in einer flachen Schüssel Butter heiß gemacht, die Spåzlen aus der Pfanne mit dem Schaumlöffel darein gethan, daß noch ein wenig Brühe daran ist, zügedeckt, unten läßt man eine Scharre kochen: so sind sie fertig. Man kann auch weniger Brühe daran lassen, und wenn sie angezogen, ein paar Löffel voll Rohn und 3. bis 4. Eyer verkleppern und daran thun, dann noch etwas siedend Schmalz, und umkehren wenn sie Scharre haben.

Gebrühte Wasserspatzen.

Es werden ohngefehr 6. Löffel voll Mehl mit siedender Milch angebrühet, daß man den Taig kaum glatt rühren kann, alsdann vollends mit Eyern so dünne gemacht wie ein rechter Spazentaig, man kann ohngefehr 3. Eyer brauchen; solche werden in sie-

E 2 den-

Auszug aus einem alten Kochbuch

Spätzles-Lied

(Heinz Eugen Schramm)

Weise und Satz: Helmut Schell

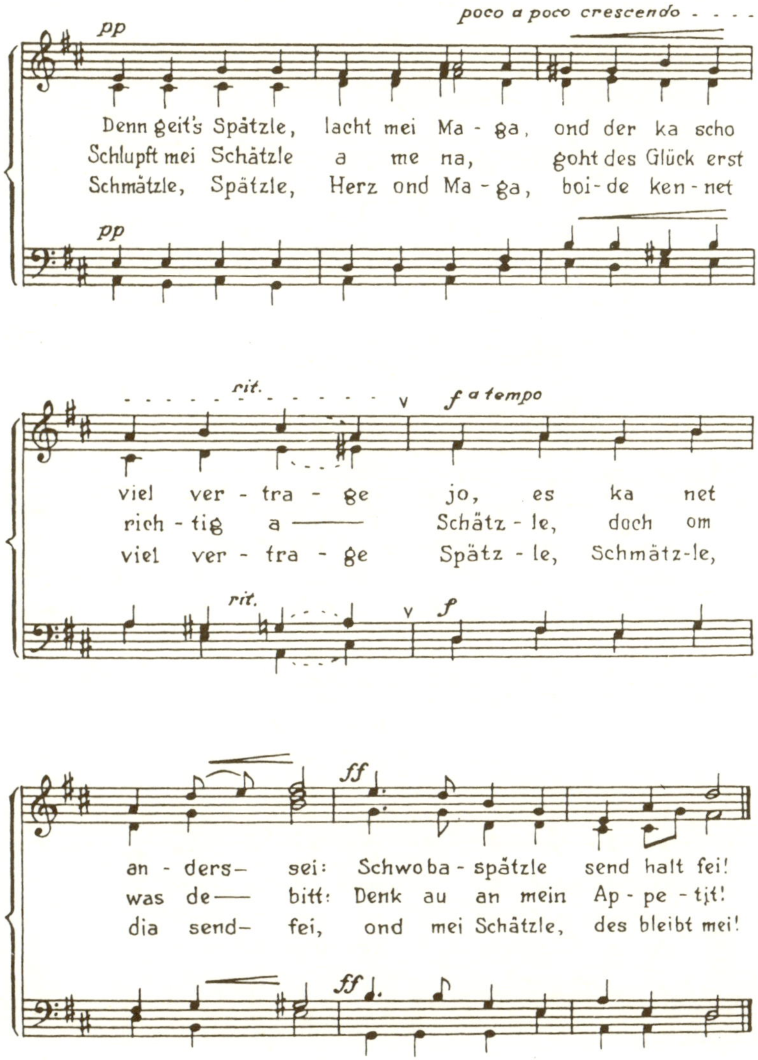
poco a poco crescendo
pp
Denn geit's Spätzle, lacht mei Ma - ga, ond der ka scho
Schlupft mei Schätzle a me na, goht des Glück erst
Schmätzle, Spätzle, Herz ond Ma - ga, boi - de ken - net
pp
rit.
f a tempo
viel ver - tra - ge jo, es ka net
rich - tig a Schätz - le, doch om
viel ver - tra - ge Spätz - le, Schmätz - le,
rit.
f
ff
an - ders- sei: Schwoba - spätzle send halt fei!
was de- bitt: Denk au an mein Ap - pe - tit!
dia send- fei, ond mei Schätzle, des bleibt mei!
ff

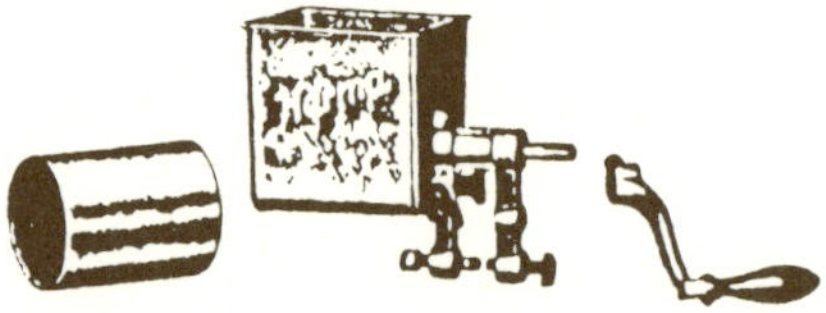

Weichteig-Nudeln

Ulmer Spätzlemaschine »Herma«

Deutsches Reichspatent 471046

geeignet für Haushalt bis 15 Personen

erzeugt in der Minute bis 2 Pfd. fertige Spätzle Preis 6.75 RM.

Die Volksspätzlemaschine »Herma« ist eine aus der Praxis hervorgegangene glänzend erprobte Küchenhilfe und heute die beste Maschine ihrer Art. Mit ihr ist der sehnlichste Wunsch der Hausfrau, eine wirklich brauchbare Spätzlemaschine zu besitzen, in Erfüllung gegangen.

Die Maschine erzeugt die echt schwäbischen Brettlesspätzle wie von Hand gemacht. In wenigen Minuten kann damit für die größte Haushaltung das nötige Quantum Spätzle hergestellt werden. Die Ersparnis, die damit in der Küche erzielt werden kann, beträgt im Vergleich zu Fabriknudeln und Maccaroni circa 50%. Es bedarf deshalb keiner weiteren Anpreisung. Die Maschine empfiehlt sich von selbst.

Bei Gebrauch mögen folgende Winke beachtet werden:

Man nehme einen schweren Topf, der möglichst in die Herdringe paßt. Das Wasser im Topf darf nicht an die Maschine reichen. Die mit Teig gefüllte Maschine erst auf den Topf schrauben, wenn das Wasser kocht. Nach Entleeren die Maschine zum Abfüllen abheben und die fertigen Spätzle vor Eindrehen der nächsten Füllung herausnehmen.

Der Spätzleteig soll nicht geschlagen, sondern nur glatt verrührt werden, da die Maschine denselben weiter verarbeitet.

Normal-Spätzleteig: Ein Pfund Mehl, zwei Eier, ein starkes drittel Liter Wasser, etwas Salz.

Dieses Quantum ergibt 3 Pfund Spätzle.

Nach Gebrauch die Maschine sofort zerlegen und reinigen und erst nach Trocknung der Einzelteile wieder zusammenfügen.

Zum Reinigen wird die Kurbel mit Achse nach vorn herausgezogen, worauf man die Walze herausnehmen kann.

Restaurationsmaschine »Elha«

geeignet für circa 60 Personen

erzeugt 3½ Pfund Spätzle in der Minute Preis 25.00 RM.

Für Hotels sowie Großbetriebe Preise auf Anfrage.

„Ulmer Gä's und Ulmer Schnecka,
Herrabrot und Do'schtigwecka,
Ulmer Gerschta, Ulmer Spätzla,
Ulmer Biar und Laugabretzla,
Ulmer Pfeifaköpf und Köpfla,
Mutschala und Geigaknöpfla,
Ulmer Schachtla, Ulmer Häubla,
Spargala und Donauweibla,
Ulmer Mädla, Ulmer Flädla,
Zuckerbrot und gschmacke Mädla,
Ulmer Küahhirt, Ulmer Schneider,
Ulmer Spatza und so weiter,
Sind bekannt in aller Welt."

G. Seuffer

Die Spätzlesmaschinerie.

Am besten wird es sein, wir befassen uns zuerst mit den Gerätschaften zur Spätzleszubereitung. Wie schon angedeutet, wurden die Spätzle zuerst mit der Hand geformt. Dies gab spatzengroße, knödelähnliche Gebilde. Wer weiß, vielleicht stand der Spatz bei der Namensgebung unserer Lieblingsspeise doch Pate. Später wurden die Spatzen dann mit einem Löffel ausgestochen, bekannt unter dem Namen Löffelspatzen.
Irgendwann kam dann ein findiger Kopf auf die Idee, den Teig von einem Brett zu schaben. Das war auch die Geburtsstunde unserer Spätzle. Anfänger im Spätzlesschaben dürfen sich nicht entmutigen lassen, wenn im Topf mehr Spatzen als Spätzle herumschwimmen. Ihrem Geschmack tut es keinen Abbruch.
Nun wird es allerdings schwierig, denn in jedem Schwaben steckt ein Tüftler. So kamen auch mit der Zeit allerhand verschiedene Geräte zur Spätzlesherstellung in Umlauf. Aber wir wollen uns auf die wichtigsten beschränken.
Das wäre der Spätzlesschwob, auch unter dem Namen Spätzlespresse- oder drücker bekannt. Ein nußknackerähnliches Gerät bei dem, wie in einem Sieb, am Boden Löcher gebohrt wurden. Das war lange Zeit die bei uns bekannteste Spätzlesmaschine. Ein findiger Schwabe, dem die Spätzle vom Spätzlesschwob zu gleichförmig, also nicht so individuell verschieden

wie vom Brett geschabte Spätzle waren, bohrte in den Spätzlesschwob einfach verschieden große Löcher und siehe da, das Problem war gelöst. Sie bekam Konkurrenz durch ein rettichhobelähnliches Gerät, das leicht zu bedienen ist. Beim Kauf müssen Sie allerdings darauf achten, daß Sie die richtige Ausführung bekommen. Es gibt eine zur Knöpflesherstellung und eine andere für Spätzle, hierbei stehen an der Unterseite schräge Zapfen ab. Beim Kauf eines Spätzleshobel ist allerdings Vorsicht geboten. Die Konkurrenz aus Asien hat nicht geschlafen und billige Geräte auf den Markt gebracht, die in Form und Farbe von den Originalgeräten kaum zu unterscheiden sind.

So gut sie aussehen, so schlecht ist ihre Verarbeitung. Bei unserem Test ging gleich ein Plastikgriff zu Bruch, der Schieber ist aus dünnem Blech und verbiegt sich, zudem sitzt er nicht genau in der Laufschiene und der Teig quillt beim Schaben heraus. Empfehlen können wir Ihnen dagegen die Spätzleshobel aus heimischer Produktion.

Die weiteren Utensilien zum Spätzlesmachen sind dann nur noch:

1 Topf mit kochendem Wasser,
1 Topf mit lauwarmem Wasser,
1 Schaumlöffel,
1 Sieb und die Schüssel mit Teig,
und dem wollen wir uns jetzt zuwenden.

Rund um's Mehl

Seit wir denken können sind die Spätzle die Nationalspeise der Schwaben. Eine Mehlspeise aus Weizenmehl, Eiern, Wasser und Salz. Doch welches Mehl ist nun das richtige? Um es kurz zu machen, es ist ein Weizenmehl vom Typ 405, das heute in jedem Laden vorrätig ist. Die Bezeichnung 405 sagt nichts anderes aus, als wieviel unverbrennbare Mineralstoffe bei der Veraschung des Mehls zurückbleiben. Oder in Zahlen ausgedrückt: Bei dem Mehl Typ 405 bleiben bei der Veraschung von 100g Mehl 0,405g Asche zurück. Das heißt auch, je mehr Kleie beim Mahlgang entfernt wird, je ärmer ist das Mehl später an Mineralstoffen, dafür aber um so weißer.

Nun, ich habe in unserem Lebensmittelladen sämtliche Mehlsorten vom Typ 405 gekauft und ausprobiert, es war so gut wie kein Unterschied festzustellen. Natürlich hat da jede schwäbische Hausfrau so ihre eigenen kleinen Geheimnisse. Da gibt es z.B. den "Weizendunst", eine Mehlkörnung zwisch Gries und dem herkömmlichen Mehl. Man kann aus reinem Dunst Spätzle zubereiten. Dann bekommen Sie sehr feste, kernige Spätzle. Ich persönlich gebe dem normalen Mehl immer 25% Dunst bei, dann sind die Spätzle kernig, aber nicht zu fest.

Manche Hausfrauen oder Hausmänner ziehen es vor, dem Mehl einfach einige Eßlöffel Grieß beizumengen.

Wenn Sie z.B. gelbe Spätzle haben möchten, aber zu wenig Eier zur Hand haben, geben Sie dem Teig einfach 2-4 Eßlöffel Maismehl bzw. Gries bei. Sie werden erstaunt sein, was für goldgelbe Spätzle Sie auf den Tisch bringen.
Wie schon am Anfang erwähnt, werden die Spätzle heute aus Weizenmehl hergestellt. Aber das war nicht immer so.

Dinkel

Es gibt Stimmen, die behaupten, unsere so heißgeliebten Spätzle hätten dem Dinkel ihre Existenz zu verdanken. Denn durch den großen Gehalt an Kleber finden wir im Dinkelmehl das ideale Produkt um Spätzle herzustellen. Jahrhundertelang konnte die schwäbische Hausfrau so auch im Winter Spätzle ohne Ei zubereiten. Die vom Brett geschabten, versteht sich.
Der Dinkel war jahrhundertelang ein treuer Begleiter der Schwaben, den schon vor ihnen die Kelten als Brotfrucht schätzten. Insgesamt ist er älter als 5000 Jahre. Seine Wiege stand in den Steppen von Südwestasien. Über den Kaukasus, das schwarze Meer und den Balkan ist er schließlich bei uns gelandet und heimisch geworden.
Die hl. Hildegard von Bingen (1098-1170) hielt besonders große Stücke von ihm. Beschreibt sie ihn doch in ihrem Naturalienbuch als "Universalgetreide." Ich zitiere: "Es ist das beste Getreide, fettig, kraftvoll und feiner als alle anderen Körner. Wenn einer krank ist, daß er vor Schwäche nicht mehr essen kann, dann soll man die ganzen Dinkelkörner

nehmen und sie in Wasser kochen. Es heilt ihn von innen heraus wie eine gute und heilsame Salbe. Nicht umsonst ist der Dinkel in den Diätküchen noch heute hochgeschätzt.

"Das Schwabenkorn, wie der Dinkel im Volksmund genannt wird, war auch unter den Namen Vesen, Kernen, Korn, Kora, Spelz oder Spelta bekannt. Noch bis in die Mitte des 19. Jahrhunderts wurden in Württemberg über 200 000 ha Dinkel, gegenüber 12000 ha Weizen, angebaut. Gesiegt hat aber im Endeffekt der Weizen, der ihn im Ertrag weit übertrifft. Zudem bedarf es eines separaten Arbeitsganges, dem Gerben, um den Dinkel zu entspelzen, was natürlich mit Kosten verbunden ist.

Das einzige Saatgut, der "Bauländer Spelz" überlebte Dank der Grünkerngewinnung in der Gegend um Bad Mergentheim. Was ihm einst den Garaus machte, nämlich sein hartnäckiger Spelz, der ihn wie eine Ritterrüstung umschließt, macht ihn heute mehr wie interessant. Denn sein fester Panzer schützt ihn vor unseren Umweltgiften und vor Pilzbefall. Da er im Spelz ausgesät wird, kann er unbehandelt in den Boden gebracht werden. Das macht ihn außerdem winterfest und schützt ihn vor Schädlingen.

Die Spelzen, besser bekannt als Spreuer, sind unbegrenzt verwendbar. Sie eignen sich hervorragend zum Füllen von Matratzen und Kopfkissen, zum Vieheinstreu, zur Futterbeimischung und untergepflügt als Dünger. Für den Umweltschutz ist Dinkel die ideale Pflanze. Spezieller Pflanzenschutz ist nicht erforderlich.

Das Wichtigste – das Ei

Wir sprechen dabei nicht etwa über das Enten- oder Gänseei, sondern über das Hühnerei. Eine "geschissene" Gabe Gottes, wie das Ei humorvoll genannt wird.
Wußten Sie übrigens, daß ein Huhn im Jahr 90-150 Eier legt?
Wenn sich im Ei ein dunkelroter Punkt zeigt, ist das Ei befruchtet. Der Geschmack des Eies hängt im wesentlichen von der Ernährung und vom Alter des Eies ab. Frische Eier erkennt man am besten, indem man sie gegen das Licht hält. Bei einem frischen Ei ist der Dotter nur schemenhaft zu erkennen. In einer 12% Kochsalzlösung sinken frische Eier auf den Boden, 8 Tage alte Eier schwimmen in der Lauge und 15 Tage alte Eier bleiben an der Oberfläche liegen. Manche Hausfrauen benützen auch den Schütteltest. Bei frischen Eiern ist beim Schütteln kein Geräusch zu hören. Alte Eier dagegen geben ein schwappendes Geräusch von sich.

Bei den Eiern gibt es verschiedene Handelsklassen:

S – 65 g und darüber
A – 60 g bis unter 65 g
B – 55 g bis unter 60 g
C – 50 g bis unter 55 g
D – 45 g bis unter 50 g

Die Eier sollten luftig, mit der Spitze nach oben, kühl gelagert werden.
Da Eier schnell fremde Gerüche annehmen, nie mit stark riechenden Lebensmitteln aufbewahren.
Nach so vielen Zahlen und Daten zum Schluß noch etwas zum Schmunzeln.

Ein Ober empfiehlt frische Kalbszunge.
Darauf der Gast: „Pfui, wie können Sie mir etwas empfehlen, was andere schon im Maul hatten!"
Darauf der Ober: „Dann empfehle ich Ihnen eben frische Eier!"

Der Spätzlesteig

Gehen wir davon aus, einen Teig für 4 Personen zuzubereiten. Wir nehmen dazu:

500 g Mehl,
4 Eier
Salz
1/8 - 1/4 l Wasser.

Aber dabei kommt es jetzt darauf an, wie groß die Eier sind und welche Art von Spätzle Sie zubereiten möchten. Bei Knöpfle, sowie bei Spätzle, die mit dem Brett oder dem Spätzleshobel gemacht werden, darf der Teig nicht zu fest sein. Das Gegenteil ist beim Spätzlesschwob der Fall. Natürlich kann man das Wasser ganz weglassen und dafür nur Eier nehmen. Das sind dann im wahrsten Sinne des Wortes „Eierspätzle".
Um Ihnen einen Anhaltspunkt zu geben:
Für 1 Person rechnet man 1 Ei. Luftiger sollen die Spätzle werden, wenn man sie mit Mineralwasser herstellt.
Meine Großmutter gab dem Teig z. B. einen Eßlöffel Essig bei.
Eine andere Art, beim Teig zu variieren, ist, dem Teig einen Löffel Öl beizugeben, damit er geschmeidiger wird. Oder den Teig mit Milch anzumachen.

Ja, unser Spätzlesteig ist wirklich eine Wissenschaft für sich. Aber lassen Sie sich nicht entmutigen, aller Anfang ist schwer.
So, nachdem ich nun sämtliche Spätzlesgeheimnisse ausgeplaudert habe, können wir mit dem Teigzubereiten beginnen.
Nachdem die Zutaten alle miteinander vermengt sind, schlägt man den Teig mit der Hand oder, wem seine Hand zu schade ist, kann auch einen Kochlöffel nehmen.
Sie brauchen sich deswegen nicht zu genieren; irgendwo habe ich gelesen, da wurde sogar ein Knethaken empfohlen.
Zum Glück ist dieses scheußliche Wort im Schwäbischen nicht zu Hause.
Furchtbar, wenn man sich vorstellt, daß jemand in unserem Spätzlesteig mit einem Knethaken herumfuchtelt. Es ist genauso schlimm, wie wenn man den Teig mit einem Handbetonmischer anmacht.
Ja, auch das gibt es, habe ich gehört.
Die Spätzlessitten sind eben nicht mehr das, was sie mal waren.
Doch weiter geht's. Nachdem Sie dem kochenden Wasser Salz und einen Schuß Öl beigegeben haben, damit die Spätzle später nicht zusammenhängen, fangen Sie an, den Teig vom Spätzlesbrett in das Wasser zu schaben.

Zum Schaben genügt ein Messer. Es gibt aber auch Schaber aus Blech und Holz.

Beim Schaben ist wichtig, daß Sie den Teig immer wieder an der Brettspitze glattstreichen und das Messer zwischendurch kurz ins heiße Wasser stecken.

Diese Art Spätzle zu machen gilt bis heute als die einzig richtige. Denn schon im frühen Mittelalter sind Schwaben mit einem Spätzlesbrett abgebildet worden. Sie gelten auch als die einzig handgemachten Spätzle. Alles andere sind „Maschinenspätzle".

Ja, so streng sind die Sitten.

Bevor Sie nun Spätzle mit dem Spätzleshobel bzw. mit dem Spätzlesschwob machen, tauchen Sie die Geräte kurz ins kalte Wasser, dann lassen sie sich später besser reinigen.

Also, den Spätzlesteig in das kochende Wasser geben, aufkochen lassen, mit dem Schaumlöffel herausnehmen und ins lauwarme Wasser legen. Danach in ein Sieb gießen und gut abtropfen lassen.

Spätzlesschwob

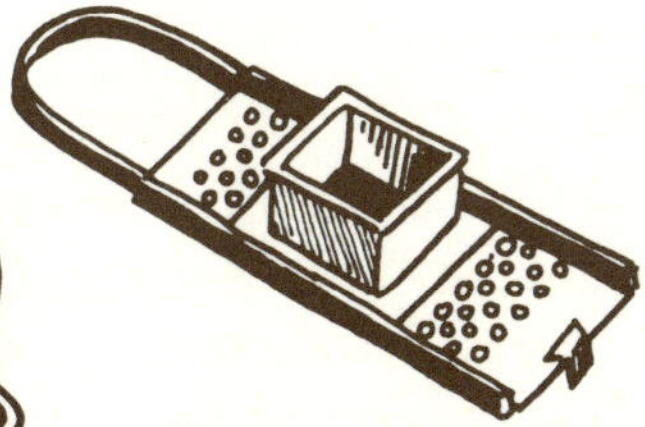

Spatzenhobel

Spatzenbrett

Die folgenden Rezepte sind für 4 Personen ausgerichtet.
Es sind alte und neue Rezepte, die Ihnen helfen sollen, Ihren Küchenzettel etwas aufzufrischen.
Manche alte Rezepte sind heute bei uns nicht mehr bekannt, aber ich finde, sie sollten nicht in Vergessenheit geraten.
Wenn Sie noch etwas über Spätzle wissen, schreiben Sie uns bitte, damit wir es in der nächsten Ausgabe mitveröffentlichen können. Wir danken Ihnen im Voraus.

So, nun wünsche ich Ihnen alles Gute und viel Erfolg in Ihrer Spätzleküche.

Der "Spätzler" ist wohl eine der ältesten Spätzlesmaschinen, die bei uns bekannt sind.

*Macha mer etzt Spätzla
oder freßed mer da Daig so?*

Spätzle

Grundrezept für 4 Personen:
500 g Mehl,
4–5 Eier, je nach Größe der Eier,
1/8 – 1/4 l Wasser,
1 Prise Salz.

Die Zutaten gut miteinander vermengen und den Teig mit der Hand oder einem Kochlöffel schlagen bis er Blasen wirft. Bei handgemachten und mit dem Spätzleshobel hergestellten Spätzle, den Teig flüssiger halten.

Den Teig ca. 15 Min. ruhen lassen.
Danach wird der Teig vom Brett bzw. der betreffenden Maschine in das leicht kochende Wasser gegeben. (Das Wasser leicht salzen und einen guten Schuß Öl beigeben.)

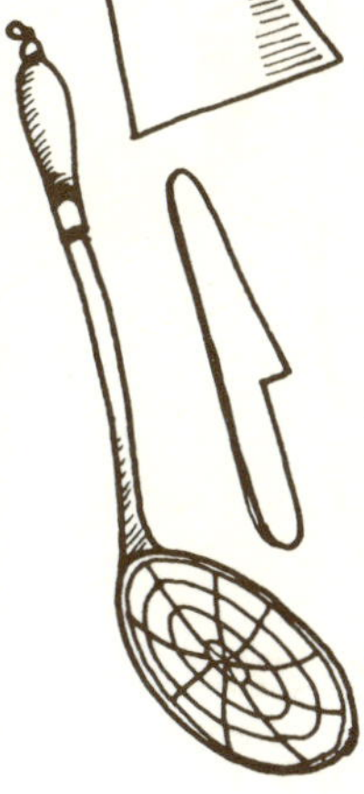

Die Spätzle einmal aufkochen lassen, mit einer Schaumkelle herausnehmen und ins kalte Wasser legen.
Danach in ein Sieb gießen und gut abtropfen lassen. Bezüglich der weiteren Zubereitung, bitten wir die folgenden Rezepte zu beachten.

Wenn des Käs isch,
freß i an Besa.

Kässpätzle

Spätzle zubereiten, siehe Grundrezept.

Die frischen heißen Spätzle legt man schichtweise, immer eine Schicht Spätzle und eine Schicht geriebenen Emmentaler, in eine vorgewärmte Schüssel aufeinander.
Zum Abschluß gibt man braun geröstete Zwiebeln darüber.
Wer es besonders würzig liebt, legt statt Emmentaler einfach eine Schicht Romadur dazwischen.
Man kann die Schüssel (feuerfest) noch kurz in die Backröhre schieben, damit sich der Käse besser auflöst.

Des isch emmer no besser als gar koe Floesch.

Leberspätzle

500 g Mehl
500 g gehackte Leber (beim Metzger erfragen),
4 Eier
eine gute Handvoll fein gehackte
Petersilie,
Salz, Pfeffer und eine Prise Muskat
werden zu einem Spätzlesteig verarbeitet,
den man ca. 1 Stunde ruhen läßt.
Weitere Verarbeitung wie bei normalen
Spätzle, wobei man die Leberspätzle ein
paar Minuten im Wasser ziehen läßt.

Die Leberspätzle werden in einer Pfanne
mit Butter angeröstet, darüber gibt man
2–3 verquirlte Eier.
Das Ganze wird mit Kartoffelsalat und,
wer will, mit Soße serviert.
Sehr gut schmecken Leberspätzle bzw.
-knöpfle in einer Fleischbrühe,
wobei reichlich geschnittener Schnitt-
lauch nicht fehlen darf.

Ond morga han e wieder
da Haeschnupfa.

Kräuterspätzle

Bevor man den Spätzlesteig
zu verarbeiten beginnt
(siehe Grundrezept), werden z. B.
Petersilie, Liebstöckel (auch Maggikraut
genannt), Estragon oder Sauerampfer
fein gehackt und
ca. 4 Eßlöffel voll unter den Teig
gemengt.
Ausgezeichnet schmecken sie auch
mit frischen Brennesseln
(gut besonders im Frühjahr),
dazu kann man noch Löwenzahn-
salat servieren.
Na, gesünder geht es wohl nicht mehr!

Sauer macht luschdig
Mooscht
Semsagräbsler

Saure Spätzle

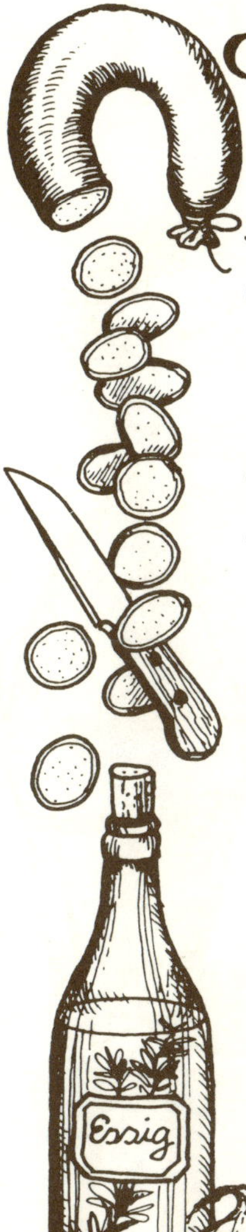

Spätzle zubereiten, siehe Grundrezept.
Etwas Mehl in Butter braun rösten, mit Fleischbrühe ablöschen und mit Salz, Pfeffer und Essig würzen.
Dazu gibt man eine gespickte Zwiebel (Zwiebel mit Nelke und Lorbeerblatt) und kocht die Soße auf kleiner Flamme, bis sie schön sämig geworden ist.
Dann übergießt man die heißen Spätzle damit und vermischt alles miteinander.
Wer will, kann dazu Wursträdle (Fleischwurst oder Rote Wurst) reinschneiden.
Kurz vor dem Servieren mit viel Schnittlauch bestreuen.

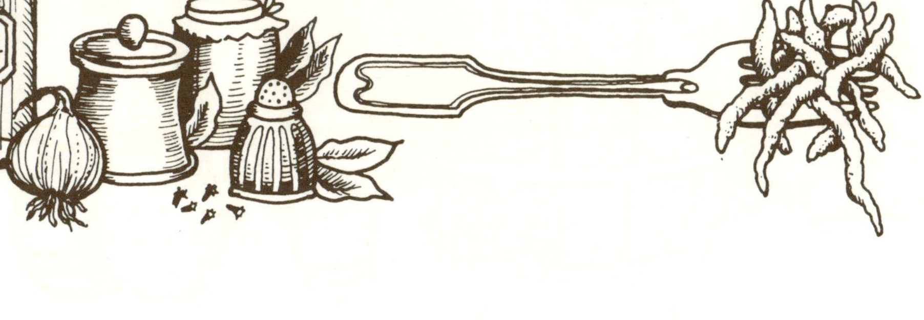

Da hoeßt's au,
liaber an Ranza vom Fressa,
als an Buggl vom Schaffa.

Griebenspätzle

Spätzle zubereiten, siehe Grundrezept.
Rohen Schweinespeck in Würfel schneiden und in einer Pfanne auslassen, bis nur noch die Grieben übrig bleiben.
Fett abschütten und die Grieben mit etwas Fett über die heißen Spätzle geben.
Dazu reicht man Kartoffelsalat mit Endivien vermischt.
Am Sonntag darf der Schweinebraten dazu natürlich nicht fehlen.

Där said zu mir no oemol
Spinatwachtel.

Spinatspätzle

400 g Mehl,
2–3 Eier,

1/4 l Wasser,
250 g frischen Spinat durch den Wolf drehen und mit Salz und Muskat würzen.

Das Ganze zu einem festen Teig verarbeiten und in das kochende Wasser geben; weitere Verarbeitung wie bei normalen Spätzle.

Wer es eilig hat, kauft feingehackten Gefrierspinat.

Die Spätzle erhalten dann allerdings nicht so eine satte, grüne Farbe.

Dazu reicht man würzige Hackfleischsoße.

Zerscht hot mer koen Honger, ond no frißt mer fer drei.

Tomatenspätzle

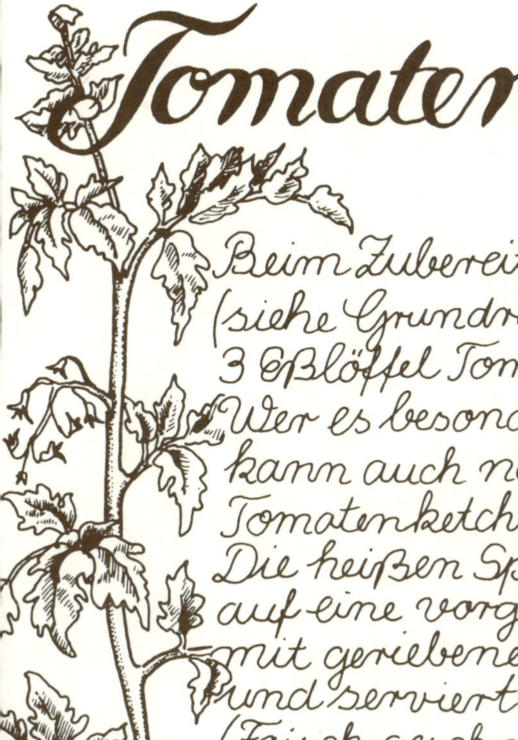

Beim Zubereiten des Spätzlesteiges
(siehe Grundrezept) werden
3 Eßlöffel Tomatenmark zugefügt.
Wer es besonders kräftig liebt,
kann auch noch einen Schuß
Tomatenketchup hinzufügen.
Die heißen Spätzle werden
auf eine vorgewärmte Platte gegeben,
mit geriebenem Käse bestreut
und serviert.
(Frisch geschnittenen Schnittlauch
nicht vergessen).
Dazu reicht man grünen Salat.

Dia send au edd
bloß oemal scharf.

Paprikaspätzle

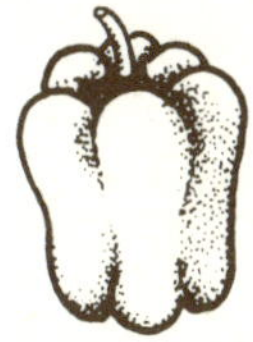

Spätzlesteig zubereiten,
siehe Grundrezept.
Bevor man den Spätzlesteig
zu kneten beginnt, gibt man
2–3 Eßlöffel, in Salatöl verrührten,
edelsüßen Paprika hinzu.
Die Spätzle eignen sich gut
als Beilage zu Schweinebraten
und Gulasch.

Spätzla em Bauch,
a Mädle em Arm, s'erschte
macht satt ond s'zwoete macht warm.

Gurkenspätzle

Spätzle zubereiten, siehe Grundrezept.
60 g Butter zergehen lassen,
4 Eßlöffel Mehl hinzugeben und
goldgelb anschwitzen.
Mit heißer Fleischbrühe (gekörnte Brühe)
auffüllen, mit
Salz, Pfeffer und Essig würzen,
eine mit Lorbeerblatt und Nelke
gespickte Zwiebel dazugeben und
die Soße sämig kochen.

Eine Gurke schälen, in kräftige Scheiben
schneiden und in die Soße geben,
ca. 10 Min. mitkochen lassen und
über die heißen Spätzle geben.
Für Vegetarier ein Festessen!
Wer auf sein Fleisch jedoch nicht
verzichten will, kann
200 g Speckwürfel dazugeben.

s' Haus verliert nix, hot Bäure gsait
ond Socka aus em Kraut rauszoge.

Wirsingspätzle

Spätzle zubereiten, siehe Grundrezept.
Einen Wirsingkopf fein zerschneiden und gut waschen.
In einem Topf werden Zwiebelwürfel in Schweinefett angedünstet, dazu gibt man den Wirsing, würzt ihn mit Pfeffer und Salz und gibt ein wenig Brühe hinzu.
Nach einer 1/2 Std. Dünstzeit bindet man ihn mit roh geriebenen Kartoffeln oder einer Mehlschwitze ab.
Der Wirsing kann nach dem Dünsten auch durch den Wolf gedreht werden.
Den fertigen Wirsing mit den heißen Spätzle vermischen und mit angerösteten Speckwürfeln abschmälzen.

Ranza voll,
Ranza schpannt..

Dinkelspätzle

500g Dinkelmehl,
je nach Größe 6-8 Eier,
Salz.

Aus den angegebenen Zutaten einen Teig zubereiten. Da der Dinkel einen höheren Klebergehalt besitzt als der Weizen, verzichte ich bei der Teigbereitung auf Wasser und nehme hier nur Eier zum Spätzlesteig. Es ist darauf zu achten, den Teig aus reinem Dinkelmehl länger zu kneten, damit die Spätzle die gewünschte Form erhalten. Wer Spätzle besonders "kernig" liebt, kann dem Teig etwas geschroteten Grünkern beimengen.
Spätzlesteig aus Dinkelmehl eignet sich besonders gut zum "Schaben vom Brett", und sie erhalten somit die Urform der original-schwäbischen Spätzle.

Bached wär's, wenn's no scho gessa wär, hot sell Bäure gsait.

Spätzlesauflauf

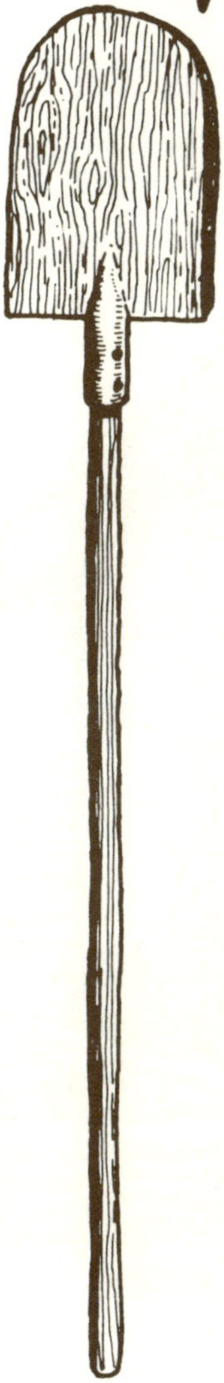

Spätzle zubereiten, siehe Grundrezept.
1 kg Sauerkraut wird zusammen
mit 250 g Speck,
einem Schuß Weißwein
(Most tut's auch)
Salz, Pfeffer, Wacholderbeeren,
Kümmel, 1 Prise Zucker und
und ein paar Apfelschnitzen
gar gekocht.
Der nicht zu fette Speck bzw.
Schinken wird nun fein geschnitten
und zusammen mit den Spätzle
unter das gekochte Kraut gemischt.
Das Ganze füllt man nun in
eine feuerfeste Form und reibt
eine schöne Portion Käse darüber.
Der Spätzlesauflauf wird nun
im Backofen goldgelb gebacken.

Wenn der no so schaffa dääd, wia
er frißt, wär der scho rächt.

Schinkenspätzle

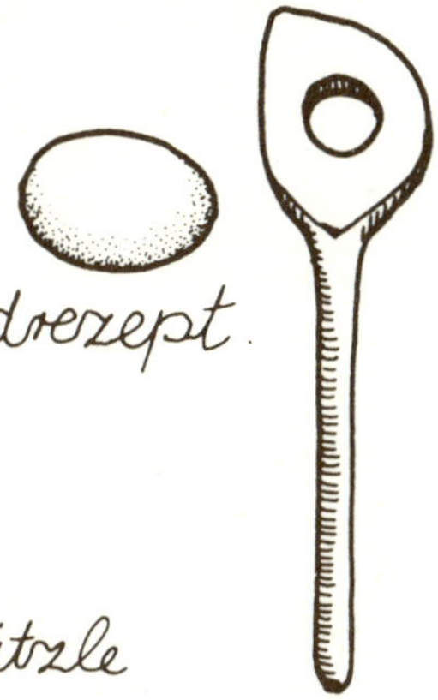

Spätzle zubereiten, siehe Grundrezept.

250 g gekochten Schinken in feine Würfel schneiden und in Butter leicht anbraten.

Die heiß abgeschwenkten Spätzle dazugeben und vermengen.

Wer will, kann auch noch 3 verquirlte Eier darübergeben.

Mit frischen Kräutern bestreuen und mit grünem oder Gurkensalat servieren.

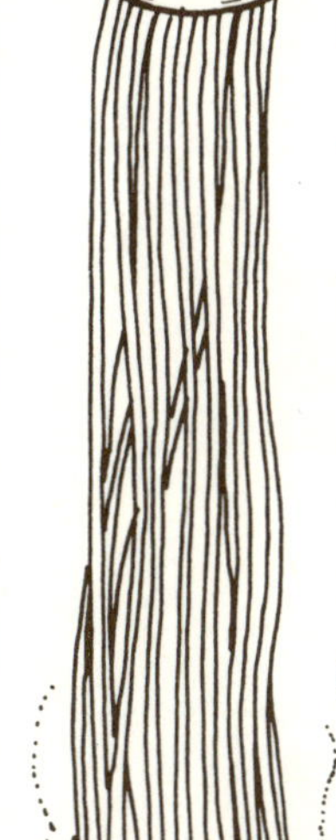

So isch's, wenn d'Auga greeßer
send wia der Maga.

Saure Bohnen-spatzen

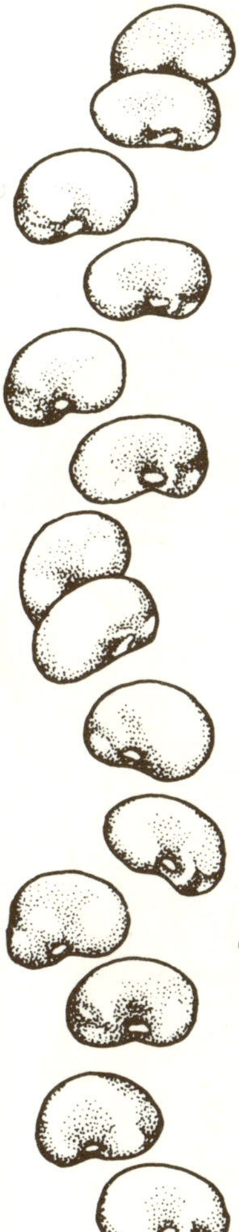

Spätzle zubereiten, siehe Grundrezept.
4 Eßlöffel Mehl in
ca. 60 g Butter braun anrösten
(braune Brenne),
mit Fleischbrühe ablöschen, mit
Salz, Pfeffer und Essig würzen
und mit einer mit Lorbeerblatt
und Nelke gespickten Zwiebel
sämig kochen.
Die am Abend zuvor eingeweichten
weißen Bohnenkerne in
Salzwasser gar kochen.
Gut abschütten, mit den heißen
Spätzle und der braunen Soße
vermischen und mit angebratenen
Speckwürfeln abschmälzen.

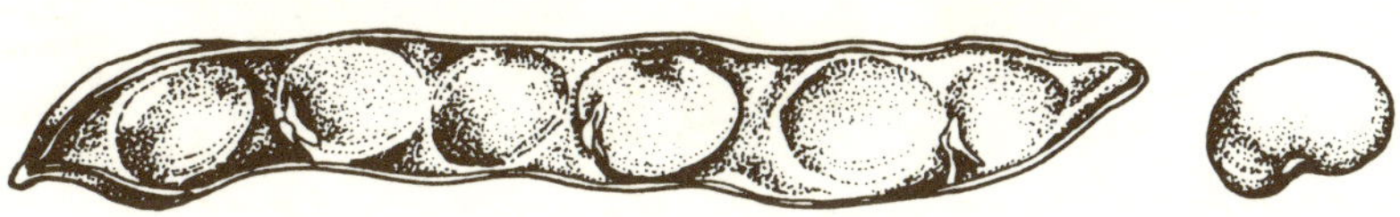

Spätzle ohne Soß,
send wia a Ma ohne Hos!

Geschmälzte Spätzle

Spätzle zubereiten, siehe Grundrezept.
In einer Pfanne
ca. 50 g Butter erhitzen,
4 Eßlöffel Semmelbrösel darin
braun anrösten und über die
abgetropften, heißen Spätzle geben.
(Es geht auch, wenn man altes
Schwarzbrot fein reibt und in Butter
anröstet)
Geschmälzte Spätzle sind eine
feine Beilag zu Braten etc.

Dem sei Lochschnäddre duad heit,
wia wenn a Gois auf Trommel scheißt.

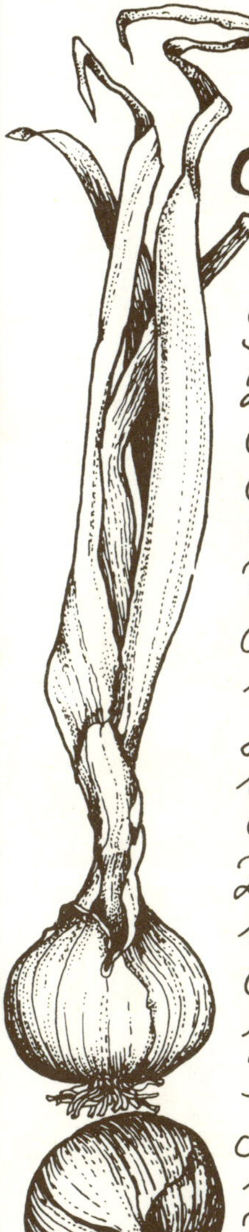

Zwiebelspätzle

Spätzlesteig vorbereiten, siehe Grundrezept.
2-3 Zwiebeln schälen, durch den Wolf drehen und unter den Teig mengen, dann weiterverarbeiten wie im Grundrezept.
Vor dem Servieren mit einer guten Portion angerösteten Zwiebeln abschmälzen und mit Schnittlauch bestreuen.
Dazu reicht man eine feine Bratensoße und verschiedene Salate.
Gut mundet dazu auch eine Zwiebelsoße.
Z.B. 2-3 Zwiebeln und etwas Speck in feine Würfel schneiden, hellbraun anrösten, mit Mehl bestäuben, leicht anbräunen und mit Fleischbrühe ablöschen.
Mit saurer Sahne, Senf, Pfeffer und Salz abschmecken.
Wer will, kann auch noch Perlzwiebeln dazugeben.

S'goad nix
über a Brüahle ond a Rüahle.

Backspätzle

Backspätzle sind eine
reine Suppeneinlage.
Von 20 g Mehl,
1 Prise Salz,
1 Ei und
3 Eßlöffel Milch wird ein nicht
zu fester Teig angerührt.
Den Teig drückt man durch
ein groblöchriges Sieb ins
heiße Fett.
Die Backspätzle werden goldgelb
gebacken.
Man gibt sie in Fleischbrühe
und serviert sie mit geschnittenem
Schnittlauch.

Vom Zuagugga
alloi werd mer au ed fett.

Schwäbischer Spätzleseintopf

Spätzle zubereiten, siehe Grundrezept.

1/2 kg Brustkern mit etwas Salz ca. 1 1/2 Std. kochen und in mundgerechte Stücke schneiden.

1 kleine Sellerieknolle,
2 Stangen Lauch,
250 g Karotten und
250 g grüne Bohnen sowie
2 Zwiebeln säubern und in kleine Stücke schneiden.

In der Fleischbrühe ca. 1/2 Std. gar kochen, dann die Spätzle dazugeben.
Vor dem Servieren mit goldgelb angerösteten Zwiebeln abschmälzen und mit Grünzeug bestreuen.

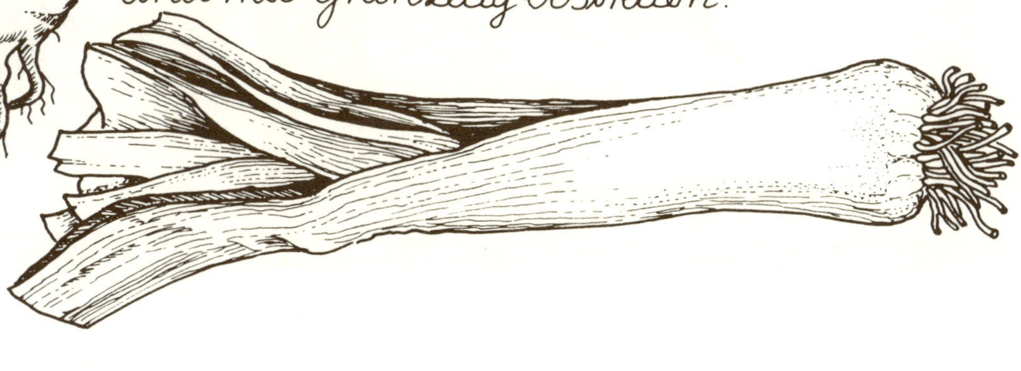

Liaber Ulmer Spatza en dr Pfann, als hondert Dauba auf em Dach.

Ulmer Löffelspatzen

400g Dinkelmehl,
4 Eier,
1/2 TL Backpulver,
1/8 - 1/4 l Wasser,
3 alte Brötchen,
120g gekochten Schinken,
zerkleinerte Petersilie,
Salz nach Bedarf.

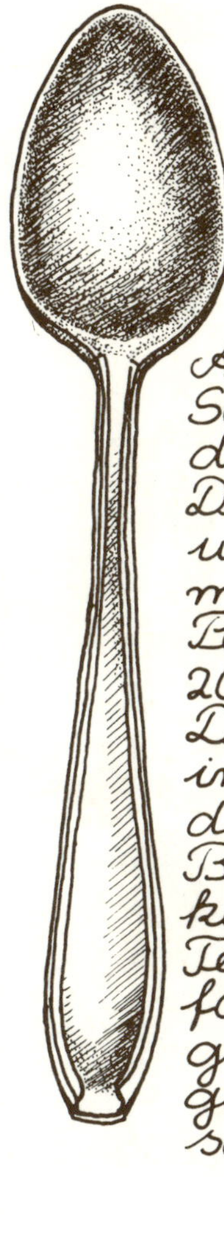

Aus Mehl, Eiern, Wasser, Backpulver und Salz einen Teig zubereiten und kräftig durchkneten. Der Teig sollte nicht zu fest sein. Die Brötchen in kleine Würfel schneiden und in einer Pfanne kurz anrösten. Dann mit dem kleingewürfelten Schinken und der Petersilie unter den Teig mengen und ca. 20 Min. ziehen lassen.
Den Teig mit einem Eßlöffel ausstechen, ins köchelnde Wasser legen und mindestens 7-8 Min. ziehen lassen.
Beim Ausstechen der Spatzen den Löffel kurz ins heiße Wasser halten und den Teig auf der Innenfläche der Hand formen. Die Löffelspatzen eignen sich gut als Suppeneinlage oder als Hauptgericht mit Sauerkraut oder Kartoffelsalat.

Des hoißt mer no sicher Schwarzwälder Art.

Grüne Bohnenspätzle

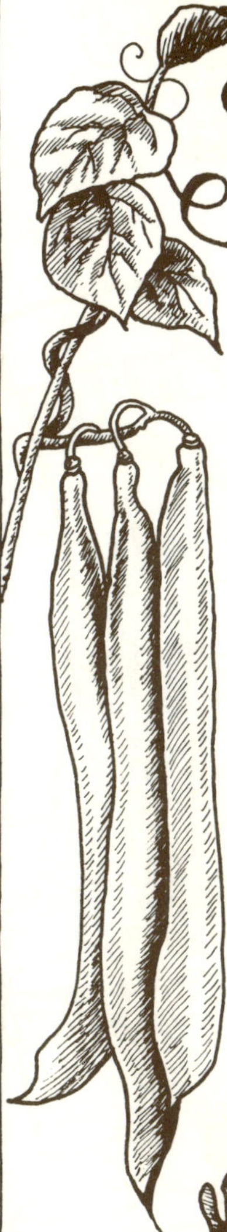

Spätzle zubereiten, siehe Grundrezept.
Die Bohnen waschen und in mundgerechte Stücke brechen.
In Salzwasser, mit etwas frischem Bohnenkraut, ca. 30 Min. kochen lassen.
Mehl in Butter anbräunen, mit Fleischbrühe ablöschen und mit Salz und Pfeffer, sowie Essig abschmecken.
Die Soße (braune Brenne) mit einer gespickten Zwiebel sämig kochen, mit saurer Sahne verfeinern.
und mit den Spätzle und Bohnen vermengen.

Voulez vous Kartoffelschnitz
avec verbrennde Spätzle.

Spätzlesomlett

Spätzle zubereiten, siehe Grundrezept.
Die gut abgetropften Spätzle in zerlassener Butter anrösten.
3 Eier mit einem Schuß Sahne oder Dosenmilch verquirlen und mit etwas feingeschnittenem Schinken über die Spätzle geben, kurz durchschwenken.
Die Pfanne leicht schräg halten, damit der Inhalt nach unten rutscht.
Die Eier dürfen noch nicht gestockt sein.

Hellbraun anbraten, auf den Teller stürzen und mit Schnittlauch bestreuen.

Dazu reicht man frische Salate.

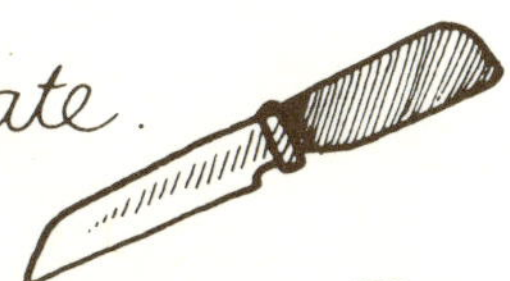

Wenn des rauskommt, was mir do älles neident, kommet mer schneller nei, als mr wieder rauskommet.

Wurstspätzle (Resteessen)

Spätzlesteig zubereiten,
siehe Grundrezept.
Wurst, Schinken oder Bratenreste werden in sehr feine Würfel geschnitten, kurz anbraten und abkühlen lassen.
Dann mit einer Handvoll Petersilie unter den Teig mengen und mit einem Löffel oder mit dem Spatzenbrett in das kochende Wasser geben.
Darzu gibt es Kartoffelsalat oder Sauerkraut.

Dieses Gericht kommt aus der Münsinger Gegend.

Onder oener Mark
derf's koschde was will.

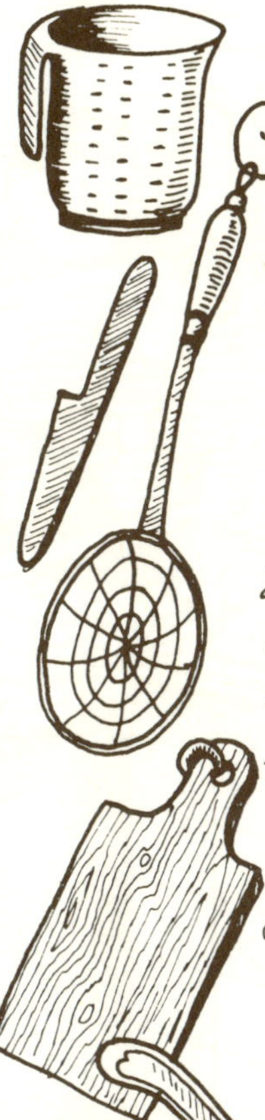

Brätspätzle

400g Bratwurstbrät,
eine Handvoll fein gehackter
Peterling (Petersilie),
3 Eier und
2 große Eßlöffel Mehl werden zu
einem festen Teig verarbeitet und dann
in das kochende Wasser gedrückt,
in dem man sie einige Min. ziehen läßt.
Brätspätzle eignen sich vorzüglich
als Suppeneinlage.
Man kann sie aber auch anbraten
und mit etwas Soße servieren;
dazu reicht man Kartoffelsalat
mit Endivien vermischt.

Also, no kommeder no glei nach em Essa, daß er bis zom Kaffeetrenka wieder drhoim send.

Herzspätzle

Spätzle zubereiten, siehe Grundrezept.

1 Rinderherz in längliche, mundgerechte Stücke schneiden und in heißem Fett oder Öl scharf anbraten.

Mit einem Glas Wein und einem Schuß Essig ablöschen und einkochen lassen.

6 Tomaten abziehen und in Würfel schneiden.

1 feingeschnittene Zwiebel in Butter glasig dünsten, mit den Tomatenwürfeln kurz anschwenken, zu dem Herz geben und mit Salz, Pfeffer sowie einem Lorbeerblatt würzen und schmoren lassen (bei Bedarf mit heißem Wasser auffüllen).

Mit den heißen Spätzle vermischen und mit Petersilie bestreuen; dazu reicht man Acker- mit Kressesalat vermengt.

D'Liab, dui isch wia's Sauerkraut,
guat fir den, der's guat verdaut.

Krautspätzle

Spätzle zubereiten, siehe Grundrezept.

1 kg rohes Sauerkraut und eine Handvoll gewürfelte Zwiebeln werden zusammen im heißen Schweineschmalz goldgelb geröstet und dann mit den ebenfalls angerösteten Spätzle vermischt und serviert.
Man kann natürlich auch gekochtes Kraut mit Spätzle vermischen, dann eben nur die Spätzle anrösten.

Wenn e sag Spätzle,
no will e koene Nudla!!

Herdspätzle

Spätzle zubereiten, siehe Grundrezept.
4 Eier mit 1/8 l Milch oder Sahne verquirlen, mit Salz und Muskat würzen.

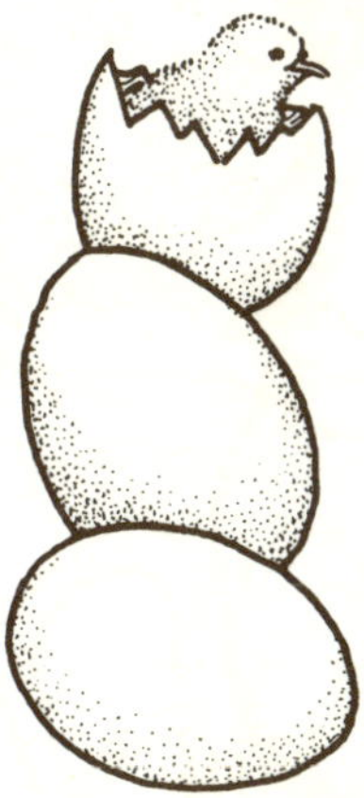

Eine Kasserolle oder Pfanne mit hohem Rand ausfetten, mit heißen Spätzle füllen und die zerschlagenen Eier darübergeben bis alles gut bedeckt ist.
Früher ließ man dieses Gericht am Herdrand langsam stocken, daher sein Name.
Heute gibt man die Kasserolle kurz in die vorgewärmte Ofenröhre, und fertig ist die Spätzlestorte.
Besonders schmackhaft, wenn man der Eiermilch etwas geriebenen Käse beigemengt hat.

Emmer no besser als
a Gosch voll Glufa.

Spätzlespuffer

Spätzle zubereiten, siehe Grundrezept.

Spätzle gut abtropfen lassen, (sie sollten nicht zu lang sein). 3 Eier mit Sahne oder Dosenmilch verquirlen, salzen und mit den Spätzle vermengen (man kann auch Knöpfle dazu nehmen). Die Spätzle oder Knöpfle in eine Pfanne mit zerlassener Butter geben und wie Kartoffelpuffer auf beiden Seiten goldgelb anbraten. Dazu reicht man Gurkensalat, angemacht mit Joghurt und Dill.

Müller's Henna ond Witwers Magd
hent nia über Honger klagt.

Zupfte Spätzle

500g Mehl mit
ca. 1/4 l Wasser,
Salz, ohne Eier zu einem
festen Teig verarbeiten.
Den Teig fingerdick aufrollen
und in haselnußgroße
Stückchen zupfen, dann in das
heiße Wasser geben, aufkochen
lassen und in einem Sieb
gut abtropfen lassen.
In einer Pfanne mit
zerlassener Butter, etwas Speck
und feingeschnittenen Zwiebeln
anbraten; servieren Sie dazu
gemischten Salat.

s'wird nia so hoeß gessa,
wia's kocht wird.

Feuriger Spätzlestopf

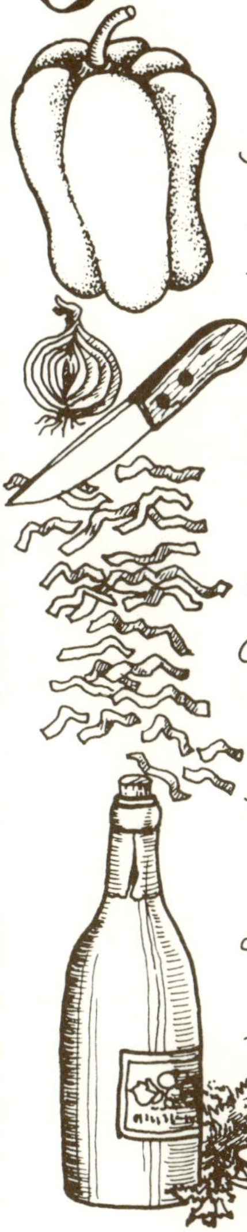

Spätzle zubereiten, siehe Grundrezept.
300 g Hackfleisch mit
feingehackten Zwiebeln scharf
anbraten und mit
Salz, Pfeffer und reichlich
Paprika würzen.
Tomatenmark dazugeben
(oder eine kleine Dose Tomaten) und
400 g in Streifen geschnittenen
Chinakohl (oder Chicoree) daruntermengen.
Mit etwas heißem Wasser auffüllen
und ca. 15 Min. kochen lassen.
Zum Schluß gibt man noch etwas
Tabasco und einen Schuß Rotwein
dazu und wer will, kann es noch
mit Mehl etwas abbinden.
Das Ganze wird nun mit Spätzle
vermengt, mit frischen Kräutern
bestreut und serviert.

Kocha due wia i ka,
was d'Sau net frißt, des frißt dr Ma.

Kartoffelspätzle

Einen großen Teller geriebene
Kartoffeln (gekocht) vermengt man mit
4 El. Mehl,
4 Eiern,
Salz, Muskat
und, wenn nötig, mit etwas Wasser
zu einem festen Teig.
Diesen legt man mit einem Löffel
ins kochende Wasser und läßt
ihn etwas ziehen.
Man kann natürlich auch dem
Spätzlesteig etwas geriebene
Kartoffeln beimengen und dann
weiter verarbeiten wie im Grundrezept.
Zum Schluß gibt man braun geröstete
Zwiebeln darüber.
Wir empfehlen dazu Kopfsalat
mit frischen Kräutern.

Gessa wird's ond
wenn's s'letzt Mol isch.

Champignonspätzle

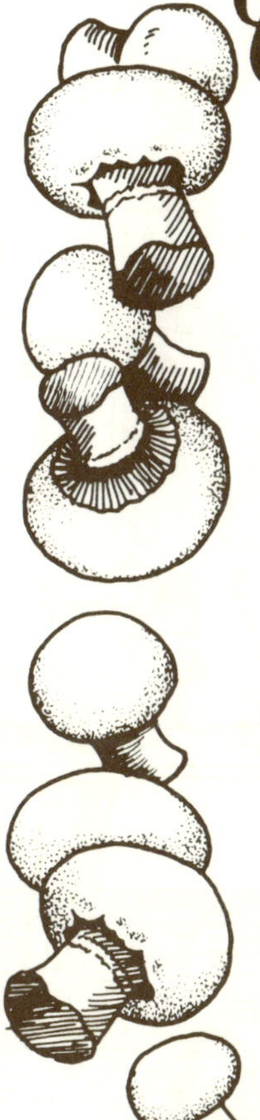

Spätzle zubereiten, siehe Grundrezept.
500g Champignon in feine Scheiben schneiden und in Butter ca. 10 Min. dämpfen lassen, eine Prise Salz und etwas Zitronensaft dazugeben.
Mit Mehl abbinden und mit 1/4 l Sahne verfeinern auch eine Handvoll feingehackter Petersilie darf nicht fehlen.

Das Ganze wird nun mit den heißen Spätzle vermischt; mit einem Schweinefilet und grünem Salat serviert, wird es zum Hochzeitsmahl.

A großer Bauch kommt ned alloe vom Spätzlesessa.

Spätzle mit Tomaten überbacken

Spätzle zubereiten, siehe Grundrezept.
4–6 Tomaten enthäuten und in Scheiben schneiden.
Die heißen Spätzle in eine feuerfeste, gefettete Form geben, mit den Tomatenscheiben bedecken, salzen und pfeffern, reichlich mit geriebenem Emmentaler (ca. 100 g) bestreuen und Butterflöckchen daraufsetzen.
Im Backofen bei 200 Grad goldgelb überbacken (ca. 20 Min.).

Dia koched au bloß mid Wasser.

Parmesanspätzle

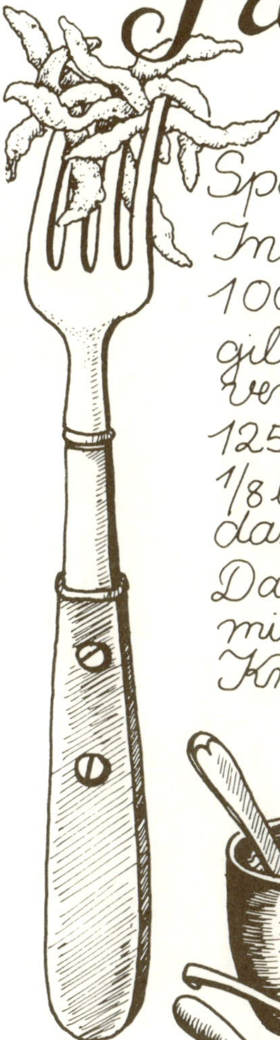

Spätzle zubereiten, siehe Grundrezept.
In einer Kasserolle läßt man
100 g Butter zergehen,
gibt die heißen Spätzle dazu,
vermischt sie mit
125 g Parmesankäse und
1/8 l saurem Rahm;
das Ganze wird dann heiß serviert.
Darzu reicht man Tomatensalat
mit feinen Zwiebeln und
Kräutern angemacht.

S'Kraut isch heit guat hot Magd
gsaet ond da Schpeck gfressa.

Spätzle mit bayrischem Kraut

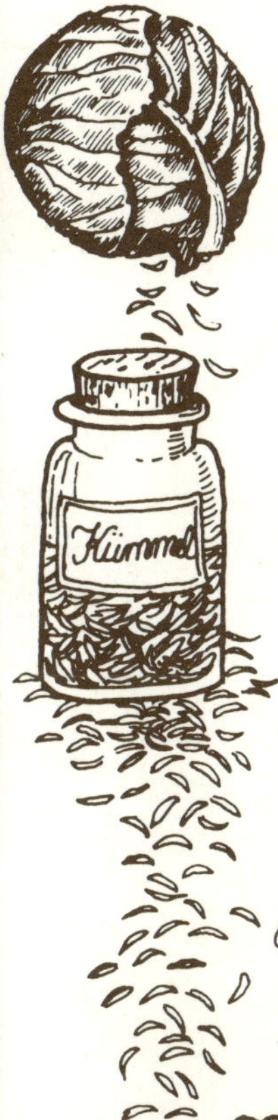

Einen Weißkohlkopf
gut säubern und in feine Streifen
schneiden oder hobeln.
Speck und Zwiebelwürfel werden in
Schweinefett angeschwitzt, das Kraut
dazugegeben,
mit Salz, Pfeffer, etwas Zucker, Kümmel,
einem Schuß Weinessig würzen
und mit Wasser auffüllen,
zudecken und langsam gar dünsten.
Zum Schluß wird das Kraut mit
einer Mehlschwitze abgebunden.
Dann gibt man in eine gefettete
Kasserolle eine Schicht Kraut, eine
Schicht Spätzle u.s.w.
Auf die letzte Krautschicht gibt man
angedünstete Speck- und Zwiebelwürfel
und stellt sie bei 200 Grad ca. 20 Min.
in die Röhre.

Drzua geits
an Ranga Brot mid
Dauma ond Zoigefinger belegt.

Gaisburger Marsch

oder Kartoffelschnitz und Spatzen

„Bettelleut's Supp" hieß es früher, das war dann allerdings ohne Fleisch.
Es ist ein beliebter schwäbischer Eintopf, der Nord und Süd friedlich in einem Topf vereinigt.

Zubereitung: 500 g Brustkern (Rind) mit genügend Wasser und etwas Salz zum Sieden bringen (Schaum abschöpfen) dann gibt man 1–2 Karotten, etwas Lauch, 1/4 St. Sellerie und 1 Zwiebel, die halbiert und auf der Ofenplatte angeröstet wurde, dazu; das gibt der Fleischbrühe eine schönere Farbe.
Wenn das Fleisch gar ist, schneidet man es in Würfel und vermengt es mit gekochten Kartoffelschnitz und der gleichen Menge Spätzle. Das alles gibt man in die Brühe, die noch mit Muskat abgeschmeckt wurde.

Kurz vor dem Servieren wird der Eintopf mit viel frisch angerösteten Zwiebeln abgeschmälzt.
(Geschnittenen Schnittlauch ja nicht vergessen!)

Do hoeßt's dann au: „do schnauft oener ned schlächt durch's Fidla."

Spätzle mit Tomaten und Zwiebeln

Spätzle zubereiten, siehe Grundrezept.
4-5 fleischige Tomaten kurz ins heiße Wasser tauchen, die Haut abziehen, in große Würfel schneiden und gut abtropfen lassen.
Eine große Zwiebel in Würfel schneiden, in Butter anrösten, dann die Tomaten mit gehackten Kräutern dazugeben, mit Pfeffer und Salz würzen und kurz mit anschwenken.
Mit den heißen Spätzle vermengen und mit grünem Salat servieren.

Viel Steine gab's
und wenig Brot.

Siedige Spätzle

bekannt auch als: Feschte Köpfla, brühte Spatza oder Wasserspatza. Wohl eine der ältesten Zubereitungsarten für Spatzen bzw. Knöpfla, denn hier werden sie noch mit einem Löffel, also noch nicht geschabt, oder mit einem Küchengerät ins Wasser gegeben.

500 g Mehl, früher war das immer Dinkel,
ca. 1/4 l kochend heißes Wasser,
Salz.

Teig: Das heiße Wasser mit einem Kochlöffel unter das Mehl rühren, ähnlich wie bei einem Brandteig. Nur werden hier keine Eier verwendet. Eier waren ja zu Urgroßmutters Zeiten im Winter so gut wie nicht erhältlich. Die Hühner hielten da noch ihren wohlverdienten Winterschlaf.

Den Teig nun mit einem Löffel zu Spatzen bzw. Knöpfla formen und ins siedende Wasser legen und je nach Größe ca. 10 Min. ziehen lassen.

Diese "Knötlein", wie sie in alten Kochbüchern genannt werden, waren besonders beliebt in "Sauren Bohnen" oder zu Sauerkraut.

Oh liabr Gott via schpannt mei Bauch,
i han a Schüssl Knöpfle gessa ond a
Schüssl Kraut.

Bunter Spätzlessalat

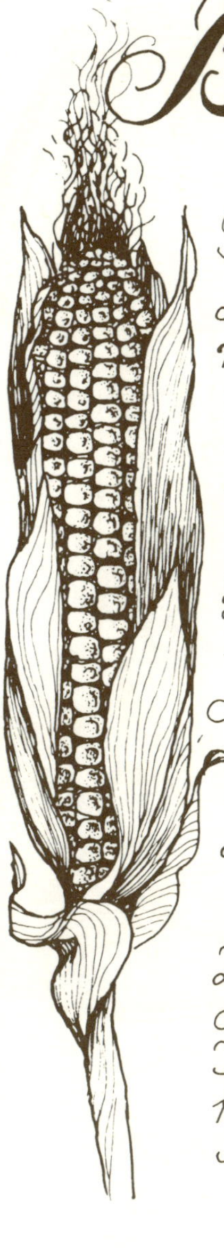

Spätzle zubereiten, siehe Grundrezept.
Die kalt abgeschwenkten Spätzle werden mit Maiskörnern, in Würfel geschnittenen, gekochten Karotten,
einer kleinen Dose, in Scheiben geschnittenen Champignons,
einer guten Handvoll frisch gehackter Petersilie und
250 g gekochtem und in Würfel geschnittenem Schinken vermengt.
Mit Essig, Öl, Salz, Pfeffer, Zucker und 1/8 l Sahne wird der Salat dann angemacht.
Die Spätzle sollte man vor dem Anrichten etwas zerkleinern, oder, was noch besser ist, man nimmt gleich Knöpfle dazu.
Zum Schluß wird das Ganze mit Ackersalat garniert.
Im Sommer nimmt man natürlich frische Gemüse (z.B. Tomaten, Gurken, Radieschen, Kräuter etc.)

I nemm amol
s'Floisch, no woiße
wieviel Spätzle e no brauch, hot dr Baur
gsait.

Spätzle mit Geflügelleber

Spätzle zubereiten, siehe Grundrezept.

500g Geflügelleber werden in
Würfel geschnitten.

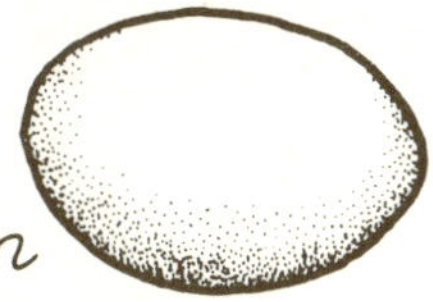

Eine feingehackte Zwiebel kurz in
Butter anbraten und zusammen
mit den mit Mehl bestäubten
Leberwürfeln in heißem Fett anbraten,
salzen, pfeffern, mit heißer
Fleischbrühe ablöschen und kurz
ziehen lassen.
Dann mit den heißen Spätzle vermischen.
Vor dem Servieren mit frisch
gehacktem Peterling bestreuen.
Dazu frischen Salat nach Geschmack
des Hauses.

Scho oft isch aus ma
Späßle a Spätzle worra.

Spätzle und Kartoffeln

Kartoffeln (der Personenzahl entsprechend) schälen, in Schnitze schneiden und in Salzwasser gar kochen.

In eine vorgewärmte Schüssel gibt man kurz vor dem Essen eine Schicht Kartoffelschnitz, eine Schicht heiße Spätzle u.s.w. Das Ganze wird nun mit in heißem Schmalz gerösteten Zwiebeln abgeschmälzt und mit frischen Kräutern bestreut. Man bringt es mit frischem grünem Salat auf den Tisch.

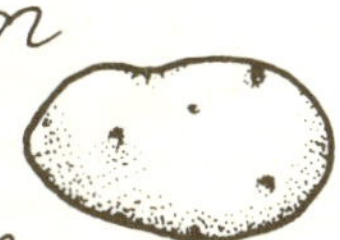

Natürlich kann man auch Kartoffelwürfel und Spätzle zusammen anrösten und als Beilage reichen.

D'Liab
goat durch da Maga.

Bunte Spätzlesplatte

Spätzlesteig zubereiten,
siehe Grundrezept.
Den Teig teilt man in 4 gleiche Teile,
vermengt die einzelnen Teile
- mit Spinat oder Kräutern,
- Tomatenmark,
- Mohn oder geraspelten Nüssen
- und einem Teil gibt man noch
- 2–3 Eigelb oder etwas Maismehl bei.

Zusammen serviert man es
auf einer vorgewärmten Platte.
Der große Spätzlesorden ist
Ihnen sicher.

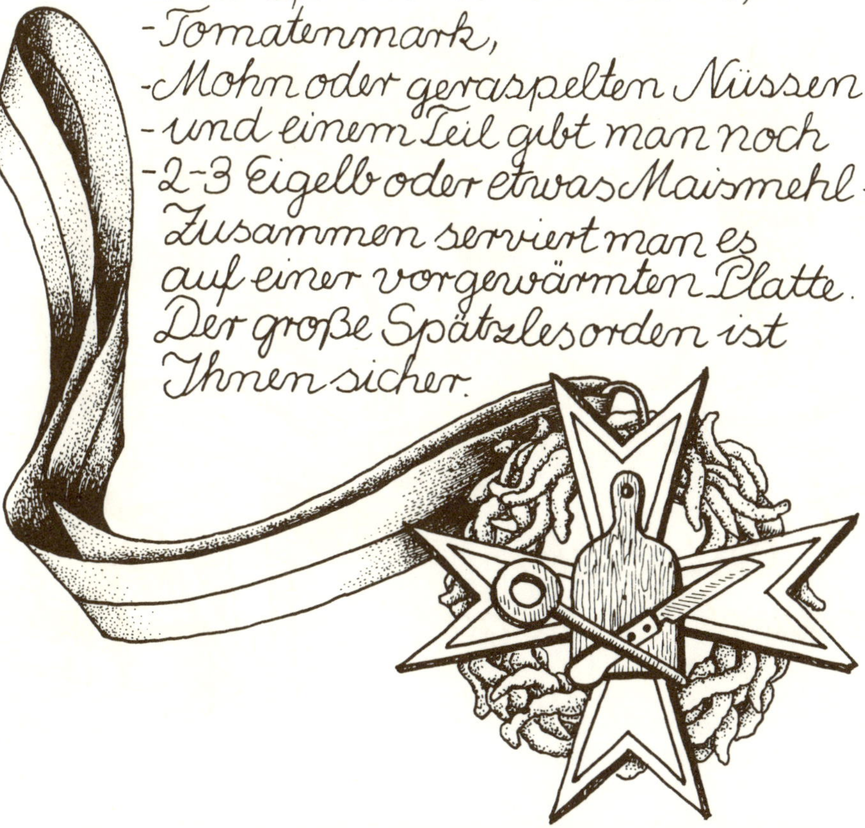

Gessa wird's!!
Ond wer ned will, der hot scho.

Spätzle mit Dörrzwetschgen

Spätzle zubereiten, siehe Grundrezept.
In eine Schüssel eine Schicht Spätzle, eine Schicht Dörrzwetschgen geben; zum Schluß wird das ganze Gericht mit zerlassener Butter abgeschmälzt.

Wer will, kann dazu Zucker und Zimt geben.
Spätzle wurden früher gerne als Süßspeise zubereitet.
Dieses Rezept stammt vermutlich aus der Frossinger Gegend; dort wurde es mit Knöpfle zubereitet.

Mit dr Gabl isch's a Ähr,
mit am Löffel kriagt mr mähr.

Milchspätzle

Spätzle zubereiten, siehe Grundrezept.

Man läßt einen Löffel Mehl in Butter goldgelb werden und löscht es mit einem Liter heißer Milch ab. Kurz vor dem Aufkochen werden 3 zerschlagene Eier daruntergezogen. Dann wird die Soße sofort über die heißen Spätzle gegeben und serviert.

Dazu kann man Apfelmus oder abgekochtes Dörrobst geben.

Zucker und Zimt nicht vergessen.

Viel Händ send scho rächt,
bloß ned en dr Schüssl.

Apfelspätzle

Spätzle zubereiten, siehe Grundrezept.
Die Äpfel werden geschält,
entkernt und in Scheiben geschnitten,
um sie dann in Butter zu dämpfen.
Die Spätzle werden angeröstet
und dann mit den gedämpften
Äpfeln vermischt.
Das Gericht wird mit Zucker
oder Zucker und Zimt bestreut.
Wer will, kann auch noch
Apfelkompott dazugeben.
(Damit's besser nonderrutschd.)

Eßed, daß er ebbes werred,
nix send er scho.

Sesamspätzle

Spätzlesteig zubereiten – siehe Grundrezept.

In einer Pfanne Butter zergehen lassen und darin die Sesamkörner anschwitzen. Die im heißen Wasser erhitzten und gut abgetropften Spätzle dazugeben und kräftig durchschwenken. Die nun leicht hellbraunen Sesamkörner ergeben einen appetitlichen Kontrast zu den hellen Spätzle.
Eine empfehlenswerte Variante ist, statt Sesam einfach geschälte Sonnenblumenkerne zu verwenden. Die beiden Zutaten bekommen Sie in Reformhäusern oder Naturkostläden.
Die neue schwäbische Küche bietet hier zwei Rezepte an, die sich als Beilage genauso anbieten wie als Hauptgericht.

Oi isch Oi hot dr Pfarrer gsait ond s' Gasoi gnomma.

Mohnspätzle

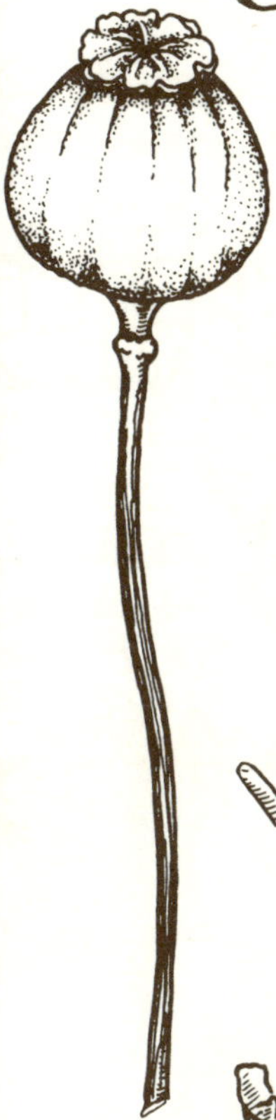

Spätzle zubereiten, siehe Grundrezept.
Dem Spätzlesteig werden
3 Eßlöffel Mohn dazugegeben.
Weitere Verarbeitung, siehe Grundrezept.
Die Mohnspätzle können als
normale Beilage oder als Süßspeise
gereicht werden.
Schneller und für den Gaumen noch
attraktiver ist es, den Mohn in Butter
anschwitzen und die im heißen Wasser
erhitzten und gut abgetropften Spätzle
dazugeben und gut durchschwenken.

Kraut füllt de Baura d'Haut (hots friher ghoeßa).

Kartoffelspätzle

mit heißem Krautsalat – Elsaß

500g Mehl,
ca. 3-4 große Kartoffeln,
2 Eier,
Salz und Wasser nach Bedarf.
Krautsalat:
Ein großer Kopf Weißkraut,
Öl, Essig,
Salz und Pfeffer.

Die rohen Kartoffeln schälen, reiben und mit dem Mehl, Eiern, Salz und dem notwendigen Wasser zu einem Teig vermengen.
Den Teig ca. 20 Min. ruhen lassen und als Spätzle oder Knöpfle ins Wasser geben, aufkochen lassen und herausnehmen.
Das Weißkraut hobeln und im Salzwasser kurz blanchieren und in ein Sieb ableeren. In demselben Topf nun das Öl erhitzen, das Kraut damit gut vermengen und mit der Salatsoße würzen. Die heißen Spätzle mit dem Krautsalat abwechselnd in eine vorgewärmte Schüssel schichten.
Vor dem Servieren mit angeröstetem Speck und Zwiebelwürfeln abschmälzen.

Haselnußspätzle

(Gastwirtschaft Biedermann,
Elztal Neckarburken)

500g Mehl,
3-4 Eier,
Salz,
1/4 l Wasser,
100g gemahlene Haselnüsse.

Aus den Zutaten einen Teig zubereiten und ca. 20 Min. ruhen lassen. Am besten geben Sie den nicht zu festen Teig mit einem Spätzlehobel ins Wasser, da hier die Löcher größer sind und nicht mit eventuell zu großen Nußsplittern verstopfen.
Die Haselnußspätzle eignen sich ganz hervorragend zu Wildgerichten.
Schneller und für den Gaumen noch attraktiver ist es, die zerkleinerten Haselnüsse in Butter anschwitzen, die im heißen Wasser erhitzten und gut abgetropften Spätzle dazugeben und gut durchschwenken.

Brennesselspätzle

250 g Mehl,
250 g Brennesseln,
4 Eier,
Salz und Muskat,
Wasser nach Bedarf,
50 g Butter,
4 Eier,
Reibekäse,
1/8 l Sahne,
ca. 150 g Schinken.

Die Brennesseln mit heißem Wasser übergießen, damit sie nicht mehr brennen und mit dem Mixer pürieren.
Das Mehl, Brennesselpüree, Salz und Muskat, 4 Eier und dem erforderlichen Wasser vermengen, den Teig kräftig schlagen und ca. 20 Min. ruhen lassen.
Danach ins kochende Wasser drücken und abseihen.
Die Schinkenwürfel in Butter anschwitzen. Sahne und Spätzle dazugeben und erhitzen. Daneben werden die restlichen vier Eier in einer Pfanne zum Stocken gebracht und unter die Spätzle gemischt.
Vor dem Servieren mit Käse bestreuen.
Dazu ißt der Salatfreak frischen Löwenzahnsalat.
Gsund, gsünder, am gsündesten.

Quarkspätzle

Topfenspatzln-Südtirol

300 g Mehl,
300 g Quark,
3 Eier,
Salz,
Milch oder Wasser nach Bedarf,
Parmesan.

Aus den angegebenen Zutaten einen Teig zubereiten und gut schlagen, ca 20 Min. ruhen lassen. Danach ins kochende Salzwasser drücken, aufkochen lassen, herausnehmen und in einem Sieb mit lauwarmem Wasser abspülen.
Die Topfenspatzeln vor dem Servieren kurz im heißen Wasser erhitzen, mit brauner Butter abschmelzen und mit Parmesan bestreuen. Und damit das Auge nicht zu kurz kommt, noch mit feingeschnittenem Schinken bestreuen.
Die Quarkspätzle eignen sich auch gut als Süßspeise mit Apfelkompott.

Was gibt's heit?
"A Nixle em a Bixle, mit vier Rädla dra".

Spinatspätzle

Spinatspatzln – Südtirol

500 g Spinat,
350 g Mehl,
3–4 Eier,
150 g Schinken,
1/8 – 1/4 l Rahm,
Salz.

Mit dem Mehl, Eiern, Salz, dem durchgepreßten Spinat (tiefgekühlter Crêmespinat geht auch), einen Teig anmachen und kräftig schlagen, bis er Blasen wirft. Wenn nötig etwas Wasser zugeben. Den Teig ca. 20 Min. ruhen lassen. Danach mit dem Spätzleshobel, in Tirol "Spatzlraffel" genannt, ins kochende Salzwasser schaben. Kurz aufkochen lassen, herausnehmen und im Sieb mit lauwarmem Wasser abspülen.
Vor dem Servieren nochmals in heißem Wasser erhitzen oder kurz in Butter schwenken und mit Parmesan bestreuen.
Version II: Den Rahm erhitzen, nicht kochen lassen, den fein geschnittenen Schinken dazugeben, würzen und über die Spinatspatzln geben.

Kastanienspätzle

Hotel Waldsee, Völz am Schlern, Südtirol.

250 g Mehl
250 g Kastanienpüree (gibt es in Feinkostgeschäften),
2-3 Eier,
Salz,
Milch nach Bedarf.

Das Mehl, Kastanienpüree, Salz und die erforderliche Menge Milch zu einem Teig verarbeiten, gut schlagen und ca. 20 Min. ruhen lassen. Danach ins kochende Wasser drücken, aufkochen lassen und abseihen. Die Spätzle werden leicht hellbraun und schmecken nur ganz schwach nach Kastanien.
Dazu wurde im "Hotel Waldsee" Apfelrotkraut und Perlhuhn nach "Weinbauern Art" serviert.
Als Dessert gab es Topfen und Marillenknödel mit Rhabarberkompott und Himbeermark.
Sie sehen, unsere Spätzle sind gern gesehene Gäste im kulinarischen Reigen der Gourmets.

Spätzle nach "Glarner Art" Schweiz

400g Mehl,
4 Eier,
1/8 l Milch,
1/8 l Wasser,
150g tiefgekühlter Spinat,
150g Kräuterkäse (Schabziger),
50g Butter,
Salz.

Aus Mehl, Eiern, Salz, Milch und Mehl einen Teig zubereiten. Siehe Grundrezept. Danach den aufgetauten Rahmspinat und den geriebenen Käse unter den Teig mengen. Den Teig mit dem Spätzleshobel in das kochende Salzwasser schaben. Die Spätzle, bzw. Knöpfla mit Wasser abschwenken, kurz in Butter schwenken und vor dem Servieren mit braungerösteten Zwiebeln abschmälzen.

Sehr würzig mundet es, wenn Sie 62,5g, das ist ein bei uns erhältliches Stück Kräuterkäse, reiben und unter die fertig gekochten Spätzle geben. Vorgehen wie bei Kässpätzle.

Dazu gibt es frische Salate.

Spätzle mit Käsesoße

Spätzle zubereiten, siehe Grundrezept.

I Käsesoße

Halb Wasser, halb Most oder Weißwein, je nach Bedarf, erhitzen. Feingeschittene Zwiebeln, wer liebt auch Knoblauch, Thymian, Majoran und gekörnte Brühe dazugeben. Mehl und Butter anschwitzen, mit der o.g. Brühe auffüllen und ca. 20 Min. köcheln lassen.
Danach Gorgonzola oder eine andere würzige Käsesorte in Würfel schneiden, in die Soße geben und langsam glattrühren. Nicht mehr kochen lassen. Wer will, kann auch etwas Kräuterkäse in die Soße reiben. Vor dem Servieren mit Sahne verfeinern.

II Käse flüssig

Sie kaufen vier verschiedene Käsesorten a 50g und schneiden sie in Würfel. In eine Kasserolle etwas Sahne geben und auf kleiner Flamme den Käse zerlaufen lassen. Danach über die Spätzle geben und gut vermischen.

Spätzle "Golden Nugget"

Nachdem unsere Spätzle immer internationaler werden, war es an der Zeit, ein Rezept unseren Freunden in Übersee zu widmen.

250 g Mehl,
150 g Rahmspinat (tiefgekühlt),
2-3 eier,
Salz,
Wasser nach Bedarf,
150 g Maiskörner,
150 g Pilze (Pfifferlinge),
100 g gekochten Schinken,
1/8 - 1/4 l Sahne nach Bedarf

Aus Mehl, Eiern, Salz, Spinat, Wasser oder Milch einen Teig zubereiten, gut schlagen und ca. 20 Min. ruhen lassen. Danach ins kochende Wasser drücken, aufkochen lassen, herausnehmen und im Sieb mit lauwarmem Wasser abspülen. Die Sahne erhitzen, nicht kochen lassen, Maiskörner, Pilze und Schinkenstreifen darin erhitzen und mit den heißen Spätzle vermengen. Vor dem Servieren mit braun angeschwitzten Zwiebeln bestreuen.

Salatspatzen

Ein altes Rezept, empfohlen von Frau Martha Rupp aus Schmiechen, für die heiße Sommerzeit.

Spätzle zubereiten wie im Grundrezept angegeben. Aber statt Wasser wird hier Sahne verwendet.
Eine Salatsoße aus:
Essig, Senf, Salz, Pfeffer, Öl, wenn möglich kaltgepreßtes Distelöl, Zwiebelwürfel, Schnittlauch und 1 Prise Zucker – zubereiten.
Pro Person ca. 100 g geräuchte Bauchspeckwürfel knusprig anbraten und zu der Salatsoße geben. Die heißen Spätzle und die festen Stücke vom Kopfsalat untermengen.
Das genießt man am besten mit einem Glas Moscht an einem schattigen Plätzle mit Blick auf den Garten.

Was gibt's heit?
Spätzle, Kraut und Floisch, Wonderfitz, jetzt woisch's.

Spätzlessuppe

Wie wir ja alle wissen, ist die Zeit der Hungersnöte noch garnicht so lange her, in vielen Ländern der Welt herrscht sie bis heute. Aus dieser Zeit stammt der Spruch:
"Jo nix verkomma lau".
So wäre es meiner Urgroßmutter nie in den Sinn gekommen, das Spätzlewasser wegzugießen. Entweder es kam in den "Sauoimer," das war der Eimer, wo alle Reste landeten, die für die Schweine bestimmt waren.
Oder aber – und das war häufiger der Fall – wurde eine Suppe von der kräftigen Brühe zubereitet.
Dazu wurde Grieß in einer Pfanne angeröstet, wenn's eilig zuging auch nicht, und in der Brühe noch etwas gekocht. Im Sommer wurde sie noch mit einem verklepperten Ei verfeinert und reichlich mit Grünzeug bestreut. Beliebt war auch, sie vor dem Servieren mit in Fett angebräunten Zwiebeln abzuschmälzen.
Bevor die Alb an die Albwasserversorgung angeschlossen war, herrschte im Sommer nicht selten eine derartige Wasserknappheit, daß in der Spätzlesbrühe die Kleinkinder gebadet wurden. Nun verstehen wir auch eher das innige Verhältnis der Schwaben zu ihrer Nationalspeise. Liebevoll nennt er deshalb auch seinen jüngsten Schwabensproß:
"Oh, mei goldigs Spätzle".

Trollinger, Viertele & Co.

Und haben Sie einmal keine Lust zu kochen, dann empfehlen wir Ihnen ein deftiges schwäbisches Vesper – und dazu die passende Lektüre. Denn der Schwabe ignoriert die Sterne-Küche, wenn ihm stattdessen ein richtiges Vesper versprochen wird. Dass hierzu aber mehr gehört als ein Stück Brot und ein Viertel Trollinger erfährt man in diesem kurzweiligen Buch des Erfolgsautors Wolfgang Brenneisen.

Wolfgang Brenneisen
128 Seiten mit 10 Illustrationen.
ISBN 978-3-8062-2386-6

Mehr unter www.theiss.de

THEISS